1+X 职业技能鉴定考核指导手册

珠宝首饰营业员

（第2版）

五 级

编审委员会

主　　任	仇朝东

委　　员　　葛恒双　顾卫东　宋志宏　杨武星　孙兴旺
　　　　　　刘汉成　葛　玮

执行委员　　孙兴旺　张鸿樑　李　晔　瞿伟洁

中国劳动社会保障出版社

图书在版编目(CIP)数据

珠宝首饰营业员:五级/上海市职业技能鉴定中心组织编写. —2版. —北京:中国劳动社会保障出版社,2013

1+X 职业技能鉴定考核指导手册

ISBN 978-7-5167-0409-7

Ⅰ.①珠… Ⅱ.①上… Ⅲ.①宝石-销售学-职业技能-鉴定-自学参考资料②首饰-销售学-职业技能-鉴定-自学参考资料 Ⅳ.①F768.7

中国版本图书馆 CIP 数据核字(2013)第 184091 号

中国劳动社会保障出版社出版发行
(北京市惠新东街1号 邮政编码:100029)
出版人:张梦欣

*

北京市艺辉印刷有限公司印刷装订 新华书店经销
787毫米×960毫米 16开本 8.5印张 139千字
2013年8月第2版 2014年6月第2次印刷

定价:19.00元

读者服务部电话:(010)64929211/64921644/84643933
发行部电话:(010)64961894
出版社网址:http://www.class.com.cn

版权专有 侵权必究

如有印装差错,请与本社联系调换:(010)80497374
我社将与版权执法机关配合,大力打击盗印、销售和使用盗版图书活动,敬请广大读者协助举报,经查实将给予举报者重奖。

举报电话:(010)64954652

改版说明

1+X职业技能鉴定考核指导手册《珠宝首饰营业员（五级）》自2010年出版以来深受从业人员的欢迎，在珠宝首饰营业员（五级）职业资格鉴定、职业技能培训和岗位培训中发挥了很大的作用。

随着我国科技进步、产业结构调整、市场经济的不断发展，新的国家和行业标准的相继颁布和实施，对珠宝首饰营业员（五级）的职业技能提出了新的要求。2012年上海市职业技能鉴定中心组织有关方面的专家和技术人员，对珠宝首饰营业员（五级）的鉴定考核题库进行了提升，计划于2013年公布使用，并按照新的珠宝首饰营业员（五级）职业技能鉴定考核题库对指导手册进行了改版，以便更好地为参加培训鉴定的学员和广大从业人员服务。

前　言

职业资格证书制度的推行，对广大劳动者系统地学习相关职业的知识和技能，提高就业能力、工作能力和职业转换能力有着重要的作用和意义，也为企业合理用工以及劳动者自主择业提供了依据。

随着我国科技进步、产业结构调整以及市场经济的不断发展，特别是加入世界贸易组织以后，各种新兴职业不断涌现，传统职业的知识和技术也越来越多地融进当代新知识、新技术、新工艺的内容。为适应新形势的发展，优化劳动力素质，上海市人力资源和社会保障局在提升职业标准、完善技能鉴定方面做了积极的探索和尝试，推出了1＋X培训鉴定模式。1＋X中的1代表国家职业标准，X是为适应上海市经济发展的需要，对职业标准进行的提升，包括了对职业的部分知识和技能要求进行的扩充和更新。上海市1＋X的培训鉴定模式，得到了国家人力资源和社会保障部的肯定。

为配合上海市开展的1＋X培训与鉴定考核的需要，使广大职业培训鉴定领域专家以及参加职业培训鉴定的考生对考核内容和具体考核要求有一个全面的了解，人力资源和社会保障部教材办公室、中国就业培训技术指导中心上海分中心、上海市职业技能鉴定中心联合组织有关方面的专家、技术人员共同编写了《1＋X职业技能鉴定考核指导手册》。该手册由"理论知识复习题""操作技能复习题"和"理论知识模拟试卷及操作技能模拟试卷"三大块内容组成，书中介绍了题库的命题依据、试卷结构和题型题量，同时从上海市1+X鉴定题库中抽取部分理论知识题、操作技能试题和模拟样卷供考生参考和练习，便于考生能够有针对性地进行考前复习准备。今后我们会随着国家职业标准以及鉴定题库的提升，逐步对手册内容进行补充和完善。

本系列手册在编写过程中，得到了有关专家和技术人员的大力支持，在此一并表示感谢。

由于时间仓促，缺乏经验，如有不足之处，恳请各使用单位和个人提出宝贵意见和建议。

1+X职业技能鉴定考核指导手册
编审委员会

目 录

CONTENTS   1+X 职业技能鉴定考核指导手册

珠宝首饰营业员职业简介 …………………………………………（1）

第 1 部分　珠宝首饰营业员（五级）鉴定方案 ……………………（2）

第 2 部分　鉴定要素细目表 ………………………………………（4）

第 3 部分　理论知识复习题 ………………………………………（16）

 珠宝首饰商业 ………………………………………………………（16）

 职业道德 ……………………………………………………………（17）

 柜台业务管理 ………………………………………………………（17）

 营销法规基础知识 …………………………………………………（26）

 计量常识 ……………………………………………………………（28）

 宝石基础知识 ………………………………………………………（29）

 宝石常用仪器 ………………………………………………………（33）

 常见宝石 ……………………………………………………………（34）

 常见玉石 ……………………………………………………………（39）

贵金属基础知识 …………………………………………………………（43）

　　贵金属首饰 ………………………………………………………………（44）

第4部分　操作技能复习题 ……………………………………………（46）

　　宝石识别 …………………………………………………………………（46）

　　首饰识别 …………………………………………………………………（59）

　　珠宝首饰销售 ……………………………………………………………（70）

第5部分　理论知识考试模拟试卷及答案 ……………………………（88）

第6部分　操作技能考核模拟试卷 ……………………………………（107）

珠宝首饰营业员职业简介

一、职业名称

珠宝首饰营业员。

二、职业定义

专业从事珠宝首饰及饰品、工艺品营业销售工作的人员。

三、主要工作内容

从事的工作主要包括：(1) 接待顾客；(2) 销售商品；(3) 售后服务；(4) 保管与交割；(5) 商品陈列。

第1部分
珠宝首饰营业员（五级）鉴定方案

一、鉴定方式

珠宝首饰营业员（五级）的鉴定方式分为理论知识考试和操作技能考核。理论知识考试采用闭卷计算机机考方式，操作技能考核采用现场实际操作方式。理论知识考试和操作技能考核均实行百分制，成绩皆达60分及以上者为合格。理论知识或操作技能不及格者可按规定分别补考。

二、理论知识考试方案（考试时间90 min）

题型 \ 题库参数	考试方式	鉴定题量	分值（分/题）	配分（分）
判断题	闭卷机考	60	0.5	30
单项选择题		140	0.5	70
小计	—	200	—	100

三、操作技能考核方案

考核项目表

职业（工种）名称		珠宝首饰营业员		等级		五级	
职业代码							
序号	项目名称	单元编号	单元内容	考核方式	选考方法	考核时间（min）	配分（分）
1	宝石识别	1	宝石识别	操作	必考	12	30
2	首饰识别	1	贵金属首饰印记、材质和成色识别	操作	必考	6	15
		2	贵金属首饰工艺识别	操作	选一	6	15
			戒指手寸和项链长短的目测估算	操作			
3	珠宝首饰销售	1	销售实务	操作	必考	6	20
		2	销售管理	操作	必考	6	20
合计						36	100
备注							

第 2 部分 鉴定要素细目表

职业（工种）名称					珠宝首饰营业员	等级	五级
职业代码							
序号	鉴定点代码				鉴定点内容		备注
	章	节	目	点			
	1				珠宝首饰商业		
	1	1			珠宝首饰业的特点		
	1	1	1		国内、国际珠宝首饰业的特点		
1	1	1	1	1	我国珠宝首饰业的特点		
2	1	1	1	2	国际珠宝首饰业的特点		
	2				职业道德		
	2	2			珠宝首饰营业员的职业道德		
	2	2	1		珠宝首饰营业员职业道德的概念及规范要求		
3	2	2	1	1	珠宝首饰营业员职业道德的概念		
4	2	2	1	2	珠宝首饰营业员职业道德的规范要求		
	3				柜台业务管理		
	3	1			柜台业务		
	3	1	1		珠宝首饰商品流转环节		
5	3	1	1	1	购进		
6	3	1	1	2	验收		
7	3	1	1	3	保管		
8	3	1	1	4	调拨		

第2部分 鉴定要素细目表

续表

职业（工种）名称				珠宝首饰营业员	等级	五级
职业代码						
序号	鉴定点代码			鉴定点内容	备注	
	章	节	目	点		
9	3	1	1	5	销售	
10	3	1	1	6	变价	
11	3	1	1	7	盘点	
12	3	1	1	8	损益	
	3	1	2		珠宝首饰商品销售趋势分析	
13	3	1	2	1	销售趋势分析的内容	
14	3	1	2	2	销售趋势分析的方法	
15	3	1	2	3	销售趋势分析的功能	
	3	1	3		商业票据管理	
16	3	1	3	1	发票的填写与识别	
17	3	1	3	2	支票的填写与识别	
18	3	1	3	3	收据的填写	
	3	2			柜台服务	
	3	2	1		柜台售货过程	
19	3	2	1	1	营业准备	
20	3	2	1	2	营业接待	
21	3	2	1	3	商品出样	
22	3	2	1	4	商品介绍	
23	3	2	1	5	售货开票	
24	3	2	1	6	营业收款	
25	3	2	1	7	商品递交	
26	3	2	1	8	营业道别	
	3	2	2		服务礼仪及规范	
27	3	2	2	1	营业服务职业素质要求	
28	3	2	2	2	店铺柜台用语规范	
29	3	2	2	3	电话文明用语规范	

续表

职业（工种）名称					珠宝首饰营业员	等级	五级
职业代码							
序号	鉴定点代码				鉴定点内容		备注
	章	节	目	点			
30	3	2	2	4	仪容		
31	3	2	2	5	仪表		
32	3	2	2	6	仪态		
33	3	2	2	7	服务纪律		
	3	2	3		商业心理学		
34	3	2	3	1	顾客心理活动分析		
35	3	2	3	2	顾客购买行为分析		
36	3	2	3	3	顾客购买动机分析		
	3	2	4		首饰佩戴的常识		
37	3	2	4	1	戒指佩戴的常识		
38	3	2	4	2	戒指佩戴的含义		
39	3	2	4	3	首饰与男性的搭配技巧		
40	3	2	4	4	首饰与女性的搭配技巧		
41	3	2	4	5	首饰与青年人的搭配技巧		
42	3	2	4	6	首饰与中年人的搭配技巧		
43	3	2	4	7	首饰与老年人的搭配技巧		
	3	2	5		首饰消费异议的解决方法		
44	3	2	5	1	常见异议的产生原因		
45	3	2	5	2	常见异议的处理原则		
46	3	2	5	3	常见异议的处理误区		
47	3	2	5	4	常见异议的处理方法		
48	3	2	5	5	常见异议的防止与缓解		
	3	2	6		珠宝首饰的安全与环保		
49	3	2	6	1	营业场地的防火		
50	3	2	6	2	珠宝首饰的防盗		
51	3	2	6	3	首饰清洗的废液处理		

续表

职业（工种）名称				珠宝首饰营业员	等级	五级
职业代码						
序号	鉴定点代码				鉴定点内容	备注
	章	节	目	点		
52	3	2	6	4	营业场地节能灯的使用	
	3	3			珠宝首饰陈列及包装	
	3	3	1		珠宝首饰陈列	
53	3	3	1	1	珠宝首饰的展示方法	
54	3	3	1	2	珠宝首饰橱窗陈列方法	
55	3	3	1	3	珠宝首饰柜台陈列方法	
	3	3	2		珠宝首饰的包装	
56	3	3	2	1	项链和手链的装盒	
57	3	3	2	2	戒指、耳饰和手镯的装盒	
58	3	3	2	3	礼品的包装	
	3	4			售后服务	
	3	4	1		首饰和宝石的清洗与保养	
59	3	4	1	1	黄金、铂金和银首饰的清洗与保养	
60	3	4	1	2	欧泊和琥珀的清洗与保养	
61	3	4	1	3	珍珠和珊瑚的清洗与保养	
	4				营销法规基础知识	
	4	1			消费者权益保护法	
	4	1	1		消费者权益保护法基本知识	
62	4	1	1	1	消费者的基本权利	
63	4	1	1	2	经营者的义务	
64	4	1	1	3	对损害消费者权益行为的处罚	
	4	2			产品质量法	
	4	2	1		产品质量法基本知识	
65	4	2	1	1	产品质量法的特征及基本原则	
66	4	2	1	2	销售者在产品质量上的义务和责任	
67	4	2	1	3	销售者的损害赔偿及其规定	

续表

序号	鉴定点代码				鉴定点内容	备注
	章	节	目	点		
	5				计量常识	
	5	1			计量单位	
	5	1	1		长度、质量计量单位	
68	5	1	1	1	法定长度、质量单位及其符号	
69	5	1	1	2	国际通用长度单位及其符号	
	5	1	2		珠宝首饰行业常用计量单位	
70	5	1	2	1	ct	
71	5	1	2	2	克	
72	5	1	2	3	金衡盎司	
73	5	1	2	4	司马两	
74	5	1	2	5	珍珠格令	
	5	2			常用计量用具	
	5	2	1		常用长度计量用具	
75	5	2	1	1	电子数显卡尺	
	5	2	2		常用质量计量用具	
76	5	2	2	1	天平	
	5	2	3		常用手寸测量用具	
77	5	2	3	1	手寸圈和手寸棒	
78	5	2	3	2	指圈直径与手寸对照表	
	6				宝石基础知识	
	6	1			宝石概述	
	6	1	1		宝石概念	
79	6	1	1	1	广义宝石的概念	
80	6	1	1	2	狭义宝石的概念	
	6	1	2		宝石的分类	
81	6	1	2	1	宝石分类的因素	

续表

职业（工种）名称				珠宝首饰营业员	等级	五级
职业代码						
序号	鉴定点代码				鉴定点内容	备注
	章	节	目	点		
82	6	1	2	2	宝石分类的原则	
83	6	1	2	3	常见宝石分类	
84	6	1	2	4	宝石的商业价值分类	
	6	1	3		宝石的命名	
85	6	1	3	1	天然宝石的命名	
86	6	1	3	2	合成宝石、人造宝石的命名	
87	6	1	3	3	优化宝石、处理宝石的命名	
88	6	1	3	4	具有特殊光学效应宝石、拼合宝石的命名	
	6	2			宝石的基本性质	
	6	2	1		宝石的物理特性	
89	6	2	1	1	宝石的颜色	
90	6	2	1	2	宝石的透明度	
91	6	2	1	3	宝石的光泽	
92	6	2	1	4	宝石的硬度	
93	6	2	1	5	宝石的韧度	
94	6	2	1	6	宝石的相对密度	
95	6	2	1	7	宝石的折射率和双折射率	
96	6	2	1	8	宝石的多色性	
97	6	2	1	9	宝石的导热性	
98	6	2	1	10	宝石的发光性	
99	6	2	1	11	宝石的色散	
100	6	2	1	12	宝石的解理与断口	
	6	2	2		宝石常见的特殊光学效应	
101	6	2	2	1	猫眼效应	
102	6	2	2	2	星光效应	
103	6	2	2	3	变彩效应	

续表

职业（工种）名称				珠宝首饰营业员	等级	五级
职业代码						
序号	鉴定点代码				鉴定点内容	备注
	章	节	目	点		
104	6	2	2	4	变色效应	
	7				宝石常用仪器	
	7	1			放大镜	
	7	1	1		放大镜的特点与使用	
105	7	1	1	1	放大镜的类型与用途	
106	7	1	1	2	放大镜的使用	
	7	2			热导仪	
	7	2	1		热导仪	
107	7	2	1	1	热导仪的结构与用途	
108	7	2	1	2	热导仪的使用及注意事项	
	7	2	2		镊子	
109	7	2	2	1	镊子的类型及使用	
	8				常见宝石	
	8	1			钻石	
	8	1	1		钻石概述	
110	8	1	1	1	钻石的形成及产地	
111	8	1	1	2	国际钻石市场	
112	8	1	1	3	钻石国际组织	
	8	1	2		钻石的基本特性与识别方法	
113	8	1	2	1	钻石的物理、化学性质	
114	8	1	2	2	钻石的电学、光学性质	
115	8	1	2	3	钻石的肉眼识别特征	
	8	1	3		钻石的分级	
	8	1	3		钻石4C分级的概念	
116	8	1	3	1	颜色	
117	8	1	3	2	净度	

续表

职业(工种)名称				珠宝首饰营业员	等级	五级
职业代码						
序号	鉴定点代码				鉴定点内容	备注
	章	节	目	点		
118	8	1	3	3	切工	
119	8	1	3	4	质量	
	8	1	4		钻石4C分级的标准	
120	8	1	4	1	中国4C分级的标准	
121	8	1	4	2	国际公认4C分级的标准	
	8	2			刚玉族宝石	
	8	2	1		刚玉族宝石的基本特征	
122	8	2	1	1	刚玉族宝石的概念及基本分类	
123	8	2	1	2	刚玉族宝石的基本性质	
	8	2	2		红宝石	
124	8	2	2	1	红宝石的形成及产地	
125	8	2	2	2	红宝石的基本品质评价	
126	8	2	2	3	红宝石的肉眼识别特征	
	8	2	3		蓝宝石	
127	8	2	3	1	蓝宝石的形成及产地	
128	8	2	3	2	蓝宝石的基本品质评价	
129	8	2	3	3	蓝宝石的肉眼识别特征	
	8	3			绿柱石族宝石	
	8	3	1		绿柱石族宝石的分类及特征	
130	8	3	1	1	绿柱石族宝石的概念及基本分类	
131	8	3	1	2	绿柱石族宝石的基本性质	
	8	3	2		祖母绿	
	8	3	2		祖母绿概述	
132	8	3	2	1	祖母绿的形成与产地	
133	8	3	2	2	祖母绿的基本性质	
134	8	3	2	3	祖母绿的基本品质评价	

续表

职业（工种）名称					珠宝首饰营业员	等级	五级
职业代码							
序号	鉴定点代码				鉴定点内容		备注
	章	节	目	点			
135	8	3	2	4	祖母绿优化和处理的概念及方法		
136	8	3	2	5	祖母绿的肉眼识别特征		
	8	4			金绿宝石		
	8	4	1		金绿宝石的形成及特征		
137	8	4	1	1	金绿宝石的形成与产地		
138	8	4	1	2	金绿宝石的基本性质		
139	8	4	1	3	金绿宝石的分类		
140	8	4	1	4	金绿宝石的基本品质评价		
141	8	4	1	5	金绿宝石的肉眼识别特征		
	8	4	2		猫眼		
142	8	4	2	1	猫眼的形成及产地		
143	8	4	2	2	猫眼的基本性质		
144	8	4	2	3	猫眼的基本品质评价		
145	8	4	2	4	猫眼的肉眼识别特征		
	8	5			水晶		
	8	5	1		水晶的形成与基本性质		
146	8	5	1	1	水晶的形成与产地		
147	8	5	1	2	水晶的基本性质		
148	8	5	1	3	水晶的分类		
149	8	5	1	4	水晶的基本品质评价		
150	8	5	1	5	水晶的肉眼识别特征		
	8	6			珍珠		
	8	6	1		珍珠的形成与基本性质		
151	8	6	1	1	珍珠的形成及产地		
152	8	6	1	2	珍珠的基本性质		
153	8	6	1	3	珍珠的分类		

续表

职业（工种）名称				珠宝首饰营业员	等级	五级
职业代码						
序号	鉴定点代码				鉴定点内容	备注
	章	节	目	点		
154	8	6	1	4	珍珠的基本品质评价	
155	8	6	1	5	珍珠优化和处理的概念及方法	
156	8	6	1	6	珍珠的肉眼识别特征	
	9				常见玉石	
	9	1			翡翠	
	9	1	1		翡翠概述	
157	9	1	1	1	翡翠的形成与产地	
158	9	1	1	2	翡翠的基本性质	
159	9	1	1	3	翡翠的基本品质评价	
160	9	1	1	4	翡翠优化和处理的概念及方法	
161	9	1	1	5	翡翠的肉眼识别特征	
	9	2			软玉	
	9	2	1		软玉概述	
162	9	2	1	1	软玉的形成与产地	
163	9	2	1	2	软玉的基本性质	
164	9	2	1	3	软玉的分类	
165	9	2	1	4	软玉的基本品质评价	
166	9	2	1	5	软玉的肉眼识别特征	
	9	3			玉髓	
	9	3	1		玉髓概述	
167	9	3	1	1	玉髓的形成与产地	
	9	3	1	2	玉髓的基本性质	
168	9	3	1	3	玉髓的分类	
169	9	3	1	4	玉髓的肉眼识别特征	
	9	4			木变石	
	9	4	1		木变石概述	

续表

职业（工种）名称					珠宝首饰营业员	等级	五级
职业代码							
序号	鉴定点代码				鉴定点内容		备注
	章	节	目	点			
170	9	4	1	1	木变石的形成与产地		
	9	4	1	2	木变石的基本性质		
171	9	4	1	3	木变石的分类		
	9	4	1	4	木变石的基本品质评价		
172	9	4	1	5	木变石的肉眼识别特征		
	9	5			合成立方氧化锆		
	9	5	1		合成立方氧化锆概述		
173	9	5	1	1	合成立方氧化锆的基本性质		
174	9	5	1	2	合成立方氧化锆的肉眼识别特征		
	9	6			玻璃		
	9	6	1		玻璃概述		
175	9	6	1	1	玻璃的基本性质		
176	9	6	1	2	玻璃的肉眼识别特征		
	9	7			宝石鉴定证书和钻石分级证书		
177	9	7	1	1	宝石鉴定证书的内容及含义		
178	9	7	1	2	镶嵌钻石鉴定分级证书的内容及含义		
	10				贵金属的基础知识		
	10	1			黄金		
	10	1	1		黄金概述		
179	10	1	1	1	黄金的概念		
180	10	1	1	2	黄金的物理性质		
181	10	1	1	3	黄金的化学性质		
	10	1	2		黄金首饰		
182	10	1	2	1	黄金首饰的成色与印记		
183	10	1	2	2	K金		
	10	2			铂金和钯金		

续表

职业（工种）名称				珠宝首饰营业员	等级	五级
职业代码						
序号	鉴定点代码			鉴定点内容	备注	
	章	节	目	点		
	10	2	1		铂金和钯金概述	
184	10	2	1	1	铂金和钯金的概念	
185	10	2	1	2	铂族元素的分类	
186	10	2	1	3	铂金的物理和化学性质	
187	10	2	1	4	钯金的物理和化学性质	
	10	2	2		铂金和钯金首饰	
188	10	2	2	1	铂金首饰的成色与印记	
189	10	2	2	2	钯金首饰的成色与印记	
	10	3			银	
	10	3	1		银的基本性质	
190	10	3	1	1	银的形成与产地	
191	10	3	1	2	银的物理和化学性质	
	10	3	2		银首饰	
192	10	3	2	1	银首饰的成色与印记	
	10	4			贵金属覆层首饰	
193	10	4	1	1	包金首饰的成色与印记	
194	10	4	1	2	镀金首饰的成色与印记	
	11				贵金属首饰	
	11	1			素金首饰与工艺	
	11	1	1		素金首饰的主要品种	
195	11	1	1	1	戒指、耳饰、项链	
196	11	1	1	2	手镯、手链、脚链	
197	11	1	1	3	挂件、别针、领夹	
	11	1	2		素金工艺	
198	11	1	2	1	冲压、浇铸和机链工艺的概念及特点	
199	11	1	2	2	錾刻、车花和喷砂工艺的概念及特点	
200	11	1	2	3	包金和花丝工艺的概念及特点	

第 3 部分

理论知识复习题

珠宝首饰商业

一、判断题（将判断结果填入括号内。正确的填"√"，错误的填"×"）

1. 我国珠宝业诞生在石器时期。   （   ）
2. 国际珠宝市场自 20 世纪 60 年代起至今，全球珠宝消费量每年以 15％～20％的幅度增长。   （   ）

二、单项选择题（选择一个正确的答案，将相应的字母填入题内的括号中）

1. 以下不属于我国珠宝首饰业特点的是（   ）。
     A. 市场的信息不对称　　　　　　　B. 技术具有复杂性
     C. 供给富有弹性，需求缺乏弹性　　D. 具有地域性、文化性
2. 以（   ）为代表的中国人造宝石切磨加工中心的形成，使世界人造宝石的加工、生产中心转移到中国。
     A. 广东广州　　B. 广东深圳　　C. 广西梧州　　D. 河南南阳
3. （   ）是世界上最大的珍珠交易出口中心。
     A. 中国香港　　B. 美国　　　　C. 大溪地　　　D. 日本琵琶湖

职业道德

一、判断题（将判断结果填入括号内。正确的填"√"，错误的填"×"）

1. 珠宝首饰营业员职业道德是珠宝首饰营业员在接待顾客时所应遵循的职业行为准则，它的核心是为珠宝首饰顾客服务。（   ）

2. 珠宝首饰营业员职业道德是珠宝首饰营业员在接待顾客时所应遵循的职业要求，它的核心是实现企业利益最大化。（   ）

二、单项选择题（选择一个正确的答案，将相应的字母填入题内的括号内）

1. 珠宝首饰营业员职业道德是珠宝首饰营业员在接待顾客时所应遵循的（   ）。
   A. 企业制度 B. 职业行为准则
   C. 行业要求 D. 个人良心

2. 以下不属于珠宝首饰营业员职业道德规范要求的是（   ）。
   A. 爱岗敬业，提高素质 B. 规范操作，保证质量
   C. 利润第一，真诚服务 D. 丰富知识，热情导购

柜台业务管理

一、判断题（将判断结果填入括号内。正确的填"√"，错误的填"×"）

1. 零售商店不能用内部划账结算的方式购进商品。（   ）
2. 在经营范围上采取错位经营是商品购进时需要考虑的要素之一。（   ）
3. 珠宝首饰商品验收后，要签收首饰商品领货单，做好首饰商品进、销、存明细账，用做商品的保管账。（   ）
4. 珠宝首饰是高档贵重商品，商品保管是一项涉及珠宝首饰管理的重要工作。（   ）
5. 营业员要做好清点工作，每天一次"清点"工作是在营业结束时，以免发生商品短缺。（   ）
6. 商品的各个流通环节都是为销售服务的。（   ）

7. 按国家财经纪律的规定，营业结束后，所有现金必须在当天内交银行或收款部门。（　）

8. 商品盘点中，盘损率小于1.0%为正常。（　）

9. 商品损益若因营业员工作失职造成，原则上应由营业员本人负责赔偿。（　）

10. 对商品销售趋势分析，主要是对商品销售量进行统计分析，预测未来销售量。（　）

11. 在商品销售趋势分析中，定性预测是一种直接经验的判断预测方法。（　）

12. 销售实绩平均数法的特点是在计算时间上往前移，所以也可称为移动平均法。（　）

13. 做好商品销售趋势分析，是为了保持合理的商品库存结构，降低流动资金周转率。（　）

14. 营业员是否掌握市场预测的常识，是衡量营业员是否具有一定业务水平的标准之一。（　）

15. 开具零售发票需要做到字迹清楚、不得涂改、项目齐全、票物相符。（　）

16. 验收支票时，应检查支票上应填项目是否填写正确，出票人印章是否清晰、完整，并及时登录用票人信息。（　）

17. 珠宝首饰营业前准备时，应做好柜台内的清洁和卫生整理工作，摆放样品和商品应整洁、美观，符合首饰的陈列要求。（　）

18. 营业员接待过程中，要主动招呼顾客，不管顾客反应如何，都要尽快热情服务，进入售货环节。（　）

19. 珠宝首饰营业员在出示商品时，动作要准确、迅速、轻放在柜台上。（　）

20. 在为顾客推荐商品时，要体察顾客心理活动，因势利导，激起顾客的购买欲望。（　）

21. 介绍商品就是营业员替顾客选购商品。（　）

22. 珠宝首饰零售商店普遍以开发票作为计数结算方式。（　）

23. 商品出售后随即收取货款及找零，是销售过程中的重要环节。（　）

24. 营业收款中，唱收唱付是营业员只有单独收款时采用的收款操作规程。（　）

25. 营业员向顾客递交已购商品时，要主动向顾客说明相关销售凭证和包装附件。（　）

26. 售后道别，就是让顾客在离柜时有满意感，由此产生日后的留恋感，从而给顾客留下难忘的良好印象。（　）

27. 当顾客不再需要什么，也不要求营业员做售后服务时，售货过程便告结束。（　）

28. 营业员的用语规范十分重要，一般语音要标准，使用普通话。（　）

29. 营业员在接待顾客时，为使用语规范，应尽量使用正式的书面语。（　）

30. 珠宝首饰营业员的仪容要求是整洁大方，以便于首饰佩戴展示。（　）

31. 在营业员与顾客打电话时，说话时与话筒应保持 3 cm 的距离，使对方接听音量适中。（　）

32. 珠宝首饰营业员的服装基本要求是：要做到衣裤无污垢、无油渍、无异味、无起皱。（　）

33. 在营业员的坐姿要求上，讲究左入左出，体现"以右为尊"。（　）

34. 消费心理就是消费者对商品好与坏的判断和反映。（　）

35. 柜台服务纪律关系到企业形象和商业信誉。（　）

36. 售货前，仪器和工具要定期检查及维修，价格标签要清楚醒目、符合规定。（　）

37. 顾客购买珠宝首饰心理活动中的认识过程是决定顾客是否购买商品的决定性因素。（　）

38. 对顾客购买动机心理的分析，一般可分为共性和个性两个方面。（　）

39. 清瘦型顾客适合选择比较华丽的戒指。（　）

40. 结婚 25 周年是银婚，适合赠送珍珠戒指。（　）

41. 与男性首饰相比，女性首饰轻盈、纤细、精致、柔美。（　）

42. 适合女性佩戴的宝石一般颜色暗沉、体积较大，如黑曜岩、虎睛石等。（　）

43. 中年人可以选择佩戴体积稍大、设计上略显成熟的首饰。（　）

44. 中年人可以选择佩戴一些轻松、简单又有个性的首饰。（　）

45. 一般情况下，当营业员和顾客发生矛盾时，营业员应居于矛盾的主要方面，应严格要求营业员，而不应苛求顾客。（　）

46. 当发生营业矛盾时,营业员第一步应该和顾客解释,分清责任。（   ）

47. 当顾客挑选商品次数过多时,营业员应放手让顾客挑选,在旁观看。（   ）

48. 对欧泊、珍珠等易失水的宝石,柜台内要求配置小杯水,以保持一定的湿度,且灯光温度不宜过高。（   ）

49. 珠宝首饰营业员在发现失窃情况时,应先自行探查现场,营业员无法解决时再设法报警。（   ）

50. 珠宝首饰营业员要了解盗窃的一般规律,及时发现事故苗头,预防事故的发生。（   ）

51. 在珠宝首饰的橱窗陈列中,综合式是指运用不同的艺术形式和处理方法,在一个橱窗内集中介绍某一类的首饰。（   ）

52. 在珠宝首饰的橱窗陈列中,综合式是指将许多关联度不高的首饰综合陈列在一个橱窗内,以组成一幅完整的橱窗广告。（   ）

53. 用仪器法展示珠宝饰品,可以增加顾客对珠宝首饰材质和特性的了解,从而增强购买信心。（   ）

54. 在柜台陈列中,暗色系的珠宝首饰一般摆在远离顾客视线的地方。（   ）

55. 项链和手链在装盒时,应顺势捋直链身,再整体固定项链。（   ）

56. 耳饰装盒时,需让两件插于狭缝内的耳饰平行排列、花纹一致。（   ）

57. 珠宝首饰的礼品包装主要是根据首饰盒的形状进行包装。（   ）

58. 银首饰化学性质比较活泼,日常检查时需注意观察是否有酸碱物质的侵蚀,是否变黑。（   ）

59. 黄金首饰化学性质稳定,可以用温和的肥皂水进行浸泡,然后用硬毛刷轻刷,最后再用清水漂洗。（   ）

60. 珍珠可用清水清洗后再用纸张擦拭。（   ）

61. 零售商店不同部门之间商品的借用为商品的调拨。（   ）

二、单项选择题（选择一个正确的答案,将相应的字母填入题内的括号中）

1. 柜台（   ）是防止假冒伪劣商品进入商店、保证商品质量、防止差错的关键环节。

A. 商品验收   B. 数量点收   C. 商品安全   D. 价格检查

2. 在保管珠宝、玉石的柜台内摆放（　　）来降低温度，以保护一些不能受热、高温的宝石。

  A. 水   B. 花草植物   C. 制冷剂   D. 冷光灯

3. 商品（　　）调拨是指柜组之间的商品移柜。

  A. 外部   B. 内部   C. 直接   D. 间接

4. 商品的内部调拨需要先（　　），后调拨，并经双方同意后在凭证上签字。

  A. 申请   B. 抵押   C. 开单   D. 付款

5. （　　）一般是对款式较为陈旧或残损的首饰进行降价或节假日进行一些优惠酬宾。

  A. 商品变价   B. 商品削价   C. 商品调价   D. 商品改价

6. 商品盘点从时间上分为（　　）盘点和定期盘点。

  A. 临时   B. 突击   C. 固定   D. 循环

7. 商品损益就是指商品从购进到销售整个零售流转环节中所发生的（　　）。

  A. 升值   B. 损耗   C. 损坏   D. 升值与损耗

8. 商品损益时，若因业务生疏、算账不准造成的差错，应（　　）。

  A. 由工作人员本人负责赔偿   B. 吸取教训，改进工作

  C. 设法向顾客追讨补款或退款   D. 设法维护企业的社会信誉

9. 在商品销售趋势分析中，（　　）是用数学方法进行数学模型计算的预测方法。

  A. 金额预测   B. 定量预测   C. 定性预测   D. 计算预测

10. 销售趋势分析的作用是（　　）。

  A. 保证消费需要和销售任务的完成

  B. 保证销售任务的完成

  C. 保证消费需要

  D. 保证利润

11. 商业发票一式三联，第一联为存根联，第二联为发票联，第三联为记账联，其中（　　）交与顾客。

  A. 第二联   B. 第三联   C. 第一联   D. 第二联或第三联

12. 零售发票应视同（　　）一样管理，要做到专人保管，并设专门存放地方。

A. 珠宝商品　　　B. 现金　　　　　C. 票据　　　　　D. 公章

13. 一般没有（　）的场合，应使用财政部门印制的盖有财政票据监制章的收付款凭证。

　　　A. 发票　　　　B. 文件　　　　　C. 现金　　　　　D. 企业印章

14. 营业前的物质准备主要是（　）。

　　　A. 环境准备　　　　　　　　　　B. 商品准备

　　　C. 商品准备和销售用具准备　　　D. 销售用具准备

15. 接待顾客时营业员应做到先（　），善于抓住搭话时机。

　　　A. 招呼顾客　　B. 介绍商品　　　C. 了解顾客　　　D. 拿出商品展示

16. 出样就是商品（　）。

　　　A. 陈列　　　　B. 介绍　　　　　C. 展示　　　　　D. 宣传

17. 当顾客（　）时，营业员要主动出样。

　　　A. 要求展示商品　B. 招呼营业员　　C. 走过柜台　　　D. 凝视商品

18. 向顾客介绍商品时，要做到实事求是，（　）。

　　　A. 不夸大优点　　　　　　　　　B. 不隐瞒缺点

　　　C. 不夸大优点，但可隐瞒缺点　　D. 不夸大优点，不隐瞒缺点

19. 在营业收款中，（　）的收款方法简单方便，但缺点是营业员在应接不暇时容易发生差错。

　　　A. 开票交款　　　　　　　　　　B. 卡片交款

　　　C. 货款合一　　　　　　　　　　D. 设收银台，由专人收款

20. 当收款环节结束时，营业员应将包装好的商品和发票用（　）递交顾客，以示礼貌。

　　　A. 分别　　　　B. 左手　　　　　C. 右手　　　　　D. 双手

21. 营业员的用语规范十分重要，一般语速要适中，做到每分钟（　）字。

　　　A. 60　　　　　B. 80　　　　　　C. 120　　　　　　D. 180

22. 一般情况下，每次通话时间都要有所控制，电话礼仪规范中经测试后强调（　）原则。

A. 五分钟　　　　B. 两分钟　　　　C. 十分钟　　　　D. 三分钟

23. 在营业员服务礼仪规范中,电话铃响起最多(　　)声就应接听电话。
    A. 1　　　　　　B. 2　　　　　　C. 3　　　　　　D. 5

24. 女性营业员化妆时应该使用(　　)。
    A. 裸妆或淡妆　　　　　　　　　B. 浓妆
    C. 彩妆　　　　　　　　　　　　D. 有适当较浓气味的化妆品

25. 营业员在营业中不要佩戴首饰,即使允许佩戴,也不要超过(　　)件。
    A. 1　　　　　　B. 2　　　　　　C. 3　　　　　　D. 5

26. 采取决定阶段属于顾客对商品的(　　)过程。
    A. 认识　　　　　B. 意志　　　　　C. 情绪　　　　　D. 感觉

27. 以下不属于顾客购买心理动机个性方面的是(　　)。
    A. 个人能力　　　B. 个人气质　　　C. 个人性格　　　D. 个人求利

28. 瘦长的手指适合佩戴(　　)。
    A. 宽边的戒指　　　　　　　　　B. 造型棱角清晰的戒指
    C. 镶大颗粒颜色淡雅宝石的戒指　D. 镶小颗粒色彩亮丽宝石的戒指

29. 大多数女性佩戴首饰最主要的目的是(　　)。
    A. 自身形象的美化　　　　　　　B. 注重首饰的实用性
    C. 突出独立、自我　　　　　　　D. 凸显个性和成功

30. 营业员可以为年轻人推荐(　　)的首饰。
    A. 轻松、复杂　　　　　　　　　B. 轻松、简单
    C. 体积稍大、略显成熟　　　　　D. 有个性、体积很大

31. 老年人一般不适合佩戴(　　)的首饰。
    A. 富贵　　　　　　　　　　　　B. 传统
    C. 轻松、有个性　　　　　　　　D. 端庄

32. 一般情况下,当营业员和顾客发生矛盾时,(　　)应居于矛盾的主要方面,应严格要求营业员,而不应苛求顾客。
    A. 顾客　　　　　　　　　　　　B. 营业员

C. 商场管理人员　　　　　　　　D. 珠宝商品

33. 当顾客与营业员发生面对面的冲突时,应采取(　　)隔离原则,以缓解冲突,为解决矛盾创造条件。
    A. 其他营业员劝离发生冲突的顾客当事人
    B. 保安人员劝离发生冲突的顾客当事人
    C. 让警方劝离发生冲突的顾客当事人
    D. 其他营业员首先劝离发生冲突的当事营业员

34. 吸引一个新客户所花费的成本将(　　)留住一位老顾客的成本。
    A. 远远高于　　B. 低于　　C. 接近于　　D. 远远低于

35. 营业员与顾客在收款找零出现差错引起矛盾时,(　　)。
    A. 营业员要神情专注地进入"角色",为顾客服务好
    B. 营业员要一视同仁地接待,本着对企业负责和对顾客负责的精神,区别情况,正确处理
    C. 营业员要沉着冷静地进行回忆,妥善解决
    D. 营业员应唱收唱付地解决

36. 营业员应该自觉地把(　　)作为防止和缓解矛盾的出发点。
    A. 讲究服务艺术　　　　　　　B. 全心全意为顾客服务
    C. 维护公司利益　　　　　　　D. 遵守公司制度

37. 为防止珠宝首饰商品被盗,在向顾客展示珠宝首饰时要注意(　　)。
    A. 顾客付款后才可拿出商品
    B. 每次只拿两件首饰展示
    C. 在有两名营业员的情况下,每次可拿多件首饰展示
    D. 每次只拿一件首饰展示

38. 对于珠宝柜台专用的节能灯,以下说法不正确的是(　　)。
    A. 照明效率低　　　　　　　　B. 热辐射量低
    C. 显色性好　　　　　　　　　D. 光色均匀稳定

39. 暖色调的灯光适合(　　)等宝玉石的照明。

A. 翡翠 B. 蓝宝石 C. 钻石 D. 珍珠

40. 珠宝首饰营业员向顾客采用不同的展示方法，其中由营业员佩戴或让顾客试戴的方法称为（ ）。

A. 佩戴法 B. 示范法 C. 体验法 D. 展示法

41. 把需要重点展示陈列的珠宝首饰摆放在最显眼、最直接的位置的方法，称为（ ）。

A. 横向陈列法 B. 线型陈列法
C. "黄金带"陈列法 D. 连带陈列法

42. 多层豪华型项链一般选择（ ）首饰盒。

A. 修长形 B. 与项链大小相搭配的精致的方形
C. 圆形 D. 心形

43. 项链装盒后，还须整理以保证项链的美观，有挂坠的项链需（ ）。

A. 使金属链花纹朝向一致 B. 把挂坠正面朝上摆放
C. 固定项链 D. 将挂坠单独摆放

44. 镶宝石的戒指装盒时，需将戒指（ ）插入盒中。

A. 约1/2、可略有角度 B. 全部、垂直向下
C. 约1/2、垂直向下 D. 全部、可略有角度

45. 戒指装盒后，应适当调整角度，使戒面部分（ ）。

A. 全部朝上 B. 平行于戒指盒
C. 略作倾斜 D. 与戒指盒成45°角

46. 珠宝首饰的礼品包装主要是根据（ ）进行包装。

A. 首饰盒的形状 B. 首饰的形状
C. 包装纸的大小 D. 首饰的材质

47. 在铂金首饰的保养上，以下说法正确的是（ ）。

A. 可以与漂白水接触 B. 应多与油性物质接触，如油性化妆品等
C. 可与黄金首饰混合佩戴 D. 可用稀释后的家用洗洁精清洗

48. 珊瑚在清洗和保养时，以下说法错误的是（ ）。

A. 灯光不可直射　　　　　　　B. 柜台中要放置清水以保湿
C. 可用氨水等清洗　　　　　　D. 不可用尖锐物品刮擦

营销法规基础知识

一、判断题（将判断结果填入括号内。正确的填"√"，错误的填"×"）

1. 在《中华人民共和国消费者权益保护法》中，消费者有安全权、知情权、选择权、公平交易权等。（　　）

2. 在《中华人民共和国消费者权益保护法》中，消费者有被赔偿权、组织社团权、获得知识权、受尊重权、监督权等。（　　）

3. 《中华人民共和国产品质量法》规定，因产品缺陷造成消费者人身伤害的，侵害人只需赔偿医疗费即可。（　　）

4. 在《中华人民共和国消费者权益保护法》中，经营者应当保证其提供的商品或者服务符合安全要求。（　　）

5. 对有一般违法行为的经营者，《中华人民共和国消费者权益保护法》规定处以警告、没收非法所得、罚款、停业整顿，甚至吊销营业执照等行政处罚。（　　）

6. 对有严重扰乱社会秩序的经营者，《中华人民共和国消费者权益保护法》规定，将由公安机关根据《中华人民共和国治安管理处罚条例》进行处罚。（　　）

7. 《中华人民共和国产品质量法》规定，销售者不得销售国家明令淘汰并停止销售的产品和失效、变质的产品。（　　）

8. 销售者销售产品时，不得掺假、掺杂，不得以假充真、以次充好。（　　）

9. 销售者应当建立并执行进货检查验收制度，验明产品合格证明和其他标志。（　　）

10. 销售者不得伪造产地，不得伪造或者冒用他人的厂名、厂址。（　　）

11. 《中华人民共和国产品质量法》规定，当销售者售出的商品如果不具备产品应具备的使用性能，而未事先说明的，销售者应负责修理、更换或退货。（　　）

二、单项选择题（选择一个正确的答案，将相应的字母填入题内的括号中）

1. 在《中华人民共和国消费者权益保护法》中，经营者与消费者进行交易时应当遵循

（　　）的原则。

    A. 平等、自愿、公平、诚心、信用　　B. 平等、主动、公平、诚实、信用

    C. 公正、自愿、公平、诚实　　　　　D. 平等、自愿、公平、诚实、信用

2. 在《中华人民共和国消费者权益保护法》中，以下不属于消费者权利的是（　　）。

    A. 安全权　　　　B. 选择权　　　　C. 被保护权　　　　D. 被赔偿权

3. 在《中华人民共和国消费者权益保护法》中，以下说法正确的是（　　）。

    A. 经营者应当标明其真实名称和标记

    B. 经营者不必提供保修服务

    C. 经营者可以以店堂告示的形式做出对消费者不公平的规定

    D. 在怀疑消费者盗窃时，可以搜查消费者身体

4. 在《中华人民共和国消费者权益保护法》中，以下说法不正确的是（　　）。

    A. 经营者应当提供正式购货凭证或者服务单据

    B. 经营者必须按规定提供保修等售后服务

    C. 经营者不可以以店堂告示的形式做出对消费者不公平的规定

    D. 在怀疑消费者盗窃时，可以搜查消费者身体

5. 对经营者违反《中华人民共和国消费者权益保护法》的规定，并给消费者权益带来损害的，（　　）。

    A. 消费者有权要求赔偿，经营者要承担民事责任

    B. 消费者有权要求赔偿，经营者不必承担民事责任

    C. 经营者在承担民事责任后，即可免除对消费者的赔偿

    D. 经营者可通过对消费者的赔偿来免除民事责任

6. （　　）规定，销售者销售产品时，不得掺假、掺杂，不得以假充真、以次充好。

    A. 《产品质量法》　　　　　　　　　B. 《合同法》

    C. 《反不正当竞争法》　　　　　　　D. 《消费者权益保护法》

7. 根据《产品质量法》的规定，产品或者其包装上的标志必须真实，并应符合的要求是（　　）。

    A. 无须产品质量检验合格证明

B. 有英文标明的产品名称、生产厂厂名和厂址

C. 不需标明生产日期和安全使用期或者失效日期

D. 不得伪造产地

8. 根据《产品质量法》的规定，产品或者其包装上的标志必须真实，产品名称、生产厂厂名和厂址（　　）。

　　A. 必须用英文标明　　　　　　B. 必须用中文标明

　　C. 必须标明汉语拼音　　　　　D. 必须同时具备中英文和汉语拼音

9.《产品质量法》规定，在产品质量纠纷的处理方式上，因产品质量发生民事纠纷的，一般当事人（　　）。

　　A. 可以通过协商解决　　　　　B. 必须通过仲裁机构解决

　　C. 必须通过法院解决　　　　　D. 必须通过公安机关解决

计量常识

一、判断题（将判断结果填入括号内。正确的填"√"，错误的填"×"）

1. "英尺"的单位符号是 ft，"英寸"的单位符号是 in。（　　）

2. "ct"是钻石专用的质量单位。（　　）

3. "金衡盎司"是黄金等贵金属专用的质量单位。（　　）

4. "珍珠格令"的符号简写为 gr。（　　）

5. "珍珠格令"是通用的珍珠质量单位。（　　）

6. 直尺就是指刚性尺。（　　）

7. 使用 ct 秤测量前，ct 秤原有数字稳定不变即可称量，放上称重物品后稳定的数字与原有的数字差值即为称重数。（　　）

8. 使用手寸棒测量戒指尺寸时，将待测的成品戒指套在手寸棒上，圈口中心线所对应的数字即为所测戒指的尺寸号。（　　）

9. 12 号手寸对应的指环直径为 12 mm。（　　）

二、单项选择题（选择一个正确的答案，将相应的字母填入题内的括号中）

1. 微米的单位符号是（　　）。
   A. nm　　　　　　B. cm　　　　　　C. μm　　　　　　D. mm

2. 质量单位"千克"的符号是（　　）。
   A. KG　　　　　　B. kg　　　　　　C. K　　　　　　　D. G

3. 克拉的符号是（　　）。
   A. ct　　　　　　B. at　　　　　　C. dt　　　　　　D. cl

4. "金衡盎司"是表示（　　）单位的符号。
   A. 面积　　　　　B. 体积　　　　　C. 质量　　　　　D. 长度

5. 珠宝首饰常用"司马两"作为行业用的质量单位，1司马两等于（　　）金衡盎司。
   A. 1.203 3　　　 B. 1 000　　　　 C. 500　　　　　 D. 100

6. "珍珠格令"是国际上常用的珍珠质量单位，1珍珠格令等于（　　）g。
   A. 0.05　　　　　B. 0.02　　　　　C. 0.075　　　　　D. 0.25

7. ct 秤称量结果应至少保留小数点后（　　）位数字。
   A. 1　　　　　　 B. 2　　　　　　 C. 3　　　　　　 D. 4

8. 手寸棒的测量范围是（　　）号戒指。
   A. 4~28　　　　　B. 6~24　　　　　C. 1~28　　　　　D. 1~33

9. 25号手寸所对应的指环直径为（　　）mm。
   A. 23　　　　　　B. 22　　　　　　C. 21　　　　　　D. 24

宝石基础知识

一、判断题（将判断结果填入括号内。正确的填"√"，错误的填"×"）

1. 养殖珍珠属于天然有机宝石。（　　）
2. 人造立方氧化锆属于人工宝石中的人造宝石。（　　）
3. 迄今为止，国际上还没有一个统一的宝石分类方案。（　　）
4. 宝石可分为天然珠宝玉石、人工宝石和仿宝石。（　　）

5. 合成宝石是指完全或部分由人工制造且自然界无已知对应物的晶质体、非晶质体或集合体。（   ）

6. 通常情况下，低档宝石是指那些品质或稀有性相对于高档或中档宝石稍逊，价值相对较低的宝石品种。（   ）

7. 依据国家标准，天然宝石在命名时直接使用天然宝石的基本名称或其矿物名称，无须加"天然"二字。（   ）

8. 人造宝石在命名时应在宝石材料名称前加"人工"二字。（   ）

9. 优化宝石在命名时无须在宝石名称前加"优化"二字。（   ）

10. 处理宝石的命名就是对有瑕疵宝石的命名。（   ）

11. 拼合宝石在命名时在宝石名称前加"拼合"字样。（   ）

12. 宝石的颜色是由于宝石对可见光的选择性吸收而形成的。（   ）

13. 宝石的透明度是指宝石允许可见光透过的程度。（   ）

14. 宝石的透明度与宝石内部晶体结构无关。（   ）

15. 有些宝石在晶面上可表现出一种光泽，而在断口上则表现出另一种光泽。（   ）

16. 光泽是指宝石反射光的能力。反射能力越强，宝石的光泽就越弱。（   ）

17. 宝石硬度的高低主要取决于宝石的密度和体积大小。（   ）

18. 宝石抵抗其他物质刻划和腐蚀的能力称为韧度。（   ）

19. 宝石的密度是宝石单位体积的质量，不同的宝石其密度不同。（   ）

20. 宝石的密度值等于宝石在空气中的质量与同体积水的质量之比。（   ）

21. 同种宝石的折射率是随着宝石产地的不同而变化的。（   ）

22. 宝石的折射率是宝石品种鉴定的主要依据之一。（   ）

23. 宝石的多色性是宝石品种鉴定的重要依据之一。（   ）

24. 宝石的导热性是指宝石对热的传导能力，是鉴定宝石的重要依据之一。（   ）

25. 宝石的发光性主要表现为荧光和磷光两种，发光性是鉴定宝石的重要依据之一。（   ）

26. 色散是宝石的一种重要光学性质，它能够增加宝石的内在美，提高宝石的品质。（   ）

27. 在宝石学上，通常将宝石的色散现象称为宝石的"火彩"或"出火"。（　）
28. 宝石解理的发育会使宝石可能沿解理面而发生破裂，因而会影响宝石的耐久性。（　）
29. 弧面型宝石表面呈现一条明亮光带的现象称为猫眼效应。（　）
30. 宝石表面呈现两条以上亮线的特殊光学效应称为星光效应。（　）
31. 宝石颜色随入射光波长的不同而发生变化的现象称为变彩效应。（　）
32. 变色效应是指在不同光源的照射下宝石呈现出较为明显的颜色变化的现象。（　）

二、单项选择题（选择一个正确的答案，将相应的字母填入题内的括号中）

1. 欧泊属于（　）。
　　A. 天然宝石　　　　　　　　B. 天然有机宝石
　　C. 天然玉石　　　　　　　　D. 人工宝石

2. 基于（　）的因素，可将宝石分为高档、中档和低档三类。
　　A. 商业价值　　　　　　　　B. 净度
　　C. 特殊光学效应　　　　　　D. 颜色

3. 天然珠宝玉石可分为（　）。
　　A. 天然宝石　　　　　　　　B. 天然玉石
　　C. 天然有机宝石　　　　　　D. 以上答案均正确

4. 水晶按照其商业价值划分，属于（　）。
　　A. 高档宝石　　B. 低档玉石　　C. 中低档宝石　　D. 高中档宝石

5. （　）是以矿物和岩石的名称命名的宝石。
　　A. 莫桑石　　B. 木变石　　C. 尖晶石　　D. 和田玉

6. 下列宝石的命名中，命名不规范的是（　）。
　　A. 苏联钻　　　　　　　　　B. 人造玻璃猫眼
　　C. 合成立方氧化锆　　　　　D. 人造钇铝榴石

7. 具有猫眼效应的金绿宝石应命名为（　）。
　　A. 猫眼　　　　　　　　　　B. 金绿宝石猫眼
　　C. 猫眼金绿宝石　　　　　　D. 金绿宝石

8. 可见光的波长范围是（　　）nm。
   A. 300～400　　B. 300～500　　C. 400～500　　D. 400～700
9. 优质红宝石的透明度为（　　）。
   A. 透明　　B. 半透明　　C. 微透明　　D. 不透明
10. 钻石具有（　　）。
    A. 金刚光泽　　B. 金属光泽　　C. 玻璃光泽　　D. 树脂光泽
11. 摩氏硬度计根据10种不同硬度的矿物作为标准把宝石硬度划分成10个等级，其中刚玉的摩氏硬度为（　　）。
    A. 2　　B. 5　　C. 8　　D. 9
12. 软玉的硬度比无色金刚石低，软玉的韧度（　　）。
    A. 比无色金刚石低　　B. 与无色金刚石接近
    C. 在宝石中最高　　D. 比无色金刚石高
13. 宝石的密度单位为（　　）。
    A. g/cm^3　　B. g/cm^2
    C. g/mm^3　　D. g/mm^2
14. 根据宝石多色性的强弱程度，一般将多色性划分为（　　）个等级。
    A. 2　　B. 3　　C. 4　　D. 5
15. 就宝石多色性的强弱等级而言，红宝石的多色性表现为（　　）。
    A. 强　　B. 明显　　C. 弱　　D. 无
16. 导热性是鉴定（　　）的重要依据之一。
    A. 钻石　　B. 红宝石　　C. 蓝宝石　　D. 珍珠
17. 宝石的发光性与其（　　）密切相关。
    A. 化学成分　　B. 密度　　C. 透明度　　D. 特殊光学效应
18. 钻石之所以受人喜爱，除具有稀少、耐久的特点外，还具有明显的色散，其色散度为（　　）。
    A. 0.038　　B. 0.044　　C. 0.018　　D. 0.013
19. 在宝石学中，通常根据解理的完好程度将宝石的解理分为（　　）个等级。

A. 5　　　　　　B. 4　　　　　　C. 6　　　　　　D. 7

20. 具有猫眼效应的宝石，其猫眼眼线的方向与纤维状晶体或包裹体的排列方向（　　）。

　　A. 平行　　　　　　　　　　B. 垂直
　　C. 成小于45°角斜交　　　　D. 成45°角斜交

21. 与猫眼效应形成机理一致，星光效应产生的条件之一是在切割打磨时，宝石的底面必须（　　）于含各组包裹体的平面。

　　A. 垂直　　　　　　　　　　B. 小于45°角斜交
　　C. 平行　　　　　　　　　　D. 成45°角斜交

22. 具有变彩效应的宝石，其颜色随着（　　）的变化而变化。

　　A. 光源或观察角度　　　　　B. 光源
　　C. 观察角度　　　　　　　　D. 加热

宝石常用仪器

一、判断题（将判断结果填入括号内。正确的填"√"，错误的填"×"）

1. 国家标准规定钻石的净度和切工评价应在10倍放大镜下观察。　　　　（　　）
2. 使用放大镜观察宝石时，应一只眼睛睁开，另一只眼睛闭合，以避免眼睛疲劳。
　　　　　　　　　　　　　　　　　　　　　　　　　　　　　　　　　（　　）
3. 热导仪由热探针、电源、放大器和读数表等组成，读数表由信号灯或蜂鸣器代替。
　　　　　　　　　　　　　　　　　　　　　　　　　　　　　　　　　（　　）
4. 用镊子夹持宝石时，用力应稍大一些，以免宝石掉落。　　　　　　　（　　）

二、单项选择题（选择一个正确的答案，将相应的字母填入题内的括号中）

1. 使用宝石放大镜观察宝石时，应把放大镜放在距眼睛约2.5 cm处，而且一般选用（　　）倍放大镜。

　　A. 5　　　　　　B. 20　　　　　C. 30　　　　　D. 10

2. 热导仪是根据宝石的（　　）特性而制成的。

A. 导电　　　　B. 导热　　　　C. 熔点　　　　D. 硬度

3. 热导仪在使用时，探针应与宝石表面尽可能（　　）。

　A. 平行　　　　　　　　　　B. 垂直
　C. 成60°角斜交　　　　　　D. 成50°角斜交

4. 带槽镊子主要用于夹持（　　）。

　A. 彩色宝石　　　　　　　　B. 较大钻石
　C. 钻石　　　　　　　　　　D. 彩色宝石和较大钻石

常见宝石

一、判断题（将判断结果填入括号内。正确的填"√"，错误的填"×"）

1. 世界范围内宝石级金刚石主要产于金刚石的原生矿。（　　）
2. 世界四大钻石加工贸易中心是美国纽约、比利时安特卫普、以色列特拉维夫和印度孟买。（　　）
3. 国际珠宝联盟CIBJO是总部在英国的国际珠宝首饰业组织。（　　）
4. 钻石的化学性质非常稳定，而且它的硬度是已知宝石和矿物中最高的。（　　）
5. 使用热导仪鉴定是鉴定钻石的有效方法之一。（　　）
6. 在宝石级的钻石中，黄色色调的最少。（　　）
7. 钻石切工是指钻石的琢型。（　　）
8. 在钻石行业中，钻石的质量单位一般采用"分"来表示。（　　）
9. 通常情况下，钻石质量越大，其价值也越高。（　　）
10. 钻石4C分级主要是指对钻石的颜色（colour）、净度（clarity）、切工（cut）和质量（carat）的分级。（　　）
11. 美国宝石学院是国际公认的钻石4C标准最早的制定机构之一。（　　）
12. 刚玉族宝石是按照其内部所含的微量致色离子的不同而分类的。（　　）
13. 不含杂质离子的纯净刚玉晶体是无色的。（　　）
14. 刚玉族宝石的主要化学成分是三氧化铁。（　　）

15. 红宝石既有岩浆成因的，也有变质和砂矿成因的。　　　　　　　　（　）
16. 优质红宝石的颜色为鸽血红。　　　　　　　　　　　　　　　　（　）
17. 红宝石可见星光效应，无变色效应。　　　　　　　　　　　　　（　）
18. 世界上许多国家产出蓝宝石，但其所含的内含物有所不同。　　　（　）
19. 蓝宝石的纯净度越高，其品质就越好。　　　　　　　　　　　　（　）
20. 绿柱石族宝石分为祖母绿和海蓝宝石两大类。　　　　　　　　　（　）
21. 绿柱石中的粉色绿柱石称为摩根石。　　　　　　　　　　　　　（　）
22. 绿柱石族宝石可见猫眼效应，偶见星光效应。　　　　　　　　　（　）
23. 哥伦比亚所产出的祖母绿被认为是世界上质量最好的祖母绿。　　（　）
24. 纯净、不含杂质致色元素的祖母绿晶体一般无色透明。　　　　　（　）
25. 国际市场上，优质祖母绿的价格甚至高于钻石。　　　　　　　　（　）
26. 天然祖母绿裂隙较发育，因此成品祖母绿常采用无色注油处理。　（　）
27. 具有猫眼效应的金绿宝石——猫眼是斯里兰卡的国石。　　　　　（　）
28. 金绿宝石的颜色主要以蓝色为主，黄绿色为次。　　　　　　　　（　）
29. 具有猫眼效应的金绿宝石称为金绿宝石猫眼。　　　　　　　　　（　）
30. 变石是一种含微量氧化铬的金绿宝石。　　　　　　　　　　　　（　）
31. 金绿宝石品质评价的主要依据是颜色、透明度、净度、切工和质量等。（　）
32. 透明度是肉眼识别金绿宝石的主要依据。　　　　　　　　　　　（　）
33. 世界范围内优质猫眼的主要产地是斯里兰卡和巴西等地。　　　　（　）
34. 猫眼是指具有猫眼效应的金绿宝石。　　　　　　　　　　　　　（　）
35. 猫眼一般呈现黄色、褐黄色或黄绿色等。　　　　　　　　　　　（　）
36. 变石猫眼是猫眼的一个珍贵品种。　　　　　　　　　　　　　　（　）
37. 猫眼的肉眼识别标志之一是其特有的蜜黄色眼线。　　　　　　　（　）
38. 世界上水晶最著名的产地是巴西、日本、印度、美国、中国等地。（　）
39. 水晶多呈晶簇状，产于变质岩中。　　　　　　　　　　　　　　（　）
40. 水晶的摩氏硬度是7。　　　　　　　　　　　　　　　　　　　　（　）
41. 水晶主要是按照透明度来进行分类的。　　　　　　　　　　　　（　）

42. 水晶品质评价的主要依据是透明度。（   ）
43. 天然水晶中通常含有气泡。（   ）
44. 天然无色水晶常含云雾状、星点状分布的气液两相包裹体。（   ）
45. 日本和中国是世界上养殖珍珠的主要产地。（   ）
46. 珍珠属于有机宝石，能够进行人工合成。（   ）
47. 依据成因可将珍珠分为天然珍珠和养殖珍珠两种类型。（   ）
48. 珍珠体色中最好的是黑色和金黄色。（   ）
49. 珍珠的品质评价因素主要包括颜色、光泽、形状和大小等。（   ）
50. 珍珠的漂白处理是宝石界所不接受的，在销售时须加以说明。（   ）
51. 淡水养殖珍珠一般无核，形态不规则。（   ）

二、单项选择题（选择一个正确的答案，将相应的字母填入题内的括号中）

1. 美国宝石学院的英文缩写是（   ）。
   A. I.D.C   B. G.I.A   C. I.G.I   D. F.G.A
2. 钻石呈现出淡黄色的主要原因是其中含有微量的（   ）元素。
   A. N   B. B   C. C   D. Al
3. 下列能表现出柔和"火彩"效应的宝石是（   ）。
   A. 红宝石   B. 钻石   C. 蓝宝石   D. 祖母绿
4. 在钻石的颜色分级中，我国国家标准共分（   ）个颜色级别。
   A. 13   B. 15   C. 16   D. 12
5. 钻石的净度分级是指在（   ）倍放大镜下，根据钻石分级标准划分钻石的净度等级。
   A. 10   B. 20   C. 25   D. 40
6. 按照我国2010年国家钻石分级标准，钻石切工等级可分为（   ）个等级。
   A. 4   B. 5   C. 3   D. 6
7. 国际上统一对钻石质量大小进行区分，一般小于（   ）ct为小钻。
   A. 0.1   B. 0.15   C. 0.30   D. 0.20
8. 我国钻石4C分级标准的主要制定单位是（   ）。

A. 中国宝玉石协会

B. 国家质量监督检验检疫总局

C. 国家黄金钻石制品质量监督检验中心

D. 国家珠宝玉石质量监督检验中心

9. 在国际主要的钻石分级标准中，在颜色分级上大多数国家都采用（　　）的颜色分级标准。

  A. GIA   B. HRD   C. IGI   D. IDC

10. 国际宝石界将红宝石定为（　　）月生辰石。

  A. 5   B. 6   C. 7   D. 9

11. 红宝石的致色离子是（　　）离子。

  A. Fe   B. Ti   C. Cr   D. Mn

12. 星光红宝石的品质评价因素之一是星线的质量，质量好的星光红宝石星线交点要求交于（　　）。

  A. 两点   B. 一点   C. 三点   D. 四点

13. 红宝石与红色玻璃的肉眼识别特征是（　　）。

  A. 透明度   B. 光泽

  C. 玻璃中可见气泡   D. 选项 A 和选项 C 都正确

14. 蓝宝石因（　　）离子的含量较高，所以常呈深靛蓝色。

  A. Fe 和 Ti   B. Ti   C. Co   D. Cu

15. 一般而言，优质蓝宝石的产地是（　　）。

  A. 缅甸   B. 泰国   C. 中国   D. 澳大利亚

16. 蓝宝石与蓝色玻璃的肉眼识别特征是（　　）。

  A. 光泽   B. 蓝宝石常有平直的色带

  C. 玻璃中可见气泡   D. 选项 B 和选项 C 都正确

17. 绿柱石族宝石中最常见的宝石品种为（　　）。

  A. 祖母绿、绿色绿柱石   B. 祖母绿、黄色绿柱石

  C. 海蓝宝石、绿色绿柱石   D. 祖母绿、海蓝宝石

18. 世界范围内产出最优质祖母绿的国家是（　　）。
    A. 坦桑尼亚　　　B. 哥伦比亚　　　C. 巴西　　　D. 俄罗斯
19. 祖母绿具有（　　）。
    A. 玻璃光泽　　　B. 蜡状光泽　　　C. 油脂光泽　　　D. 金刚光泽
20. 祖母绿品质评价的因素主要包括（　　）。
    A. 颜色　　　B. 透明度　　　C. 质量　　　D. 以上答案均正确
21. 祖母绿与绿色玻璃的肉眼识别特征是（　　）。
    A. 祖母绿常含有杂质包裹体　　　B. 玻璃常含有气泡
    C. 透明度　　　D. 选项 A 和选项 B 均正确
22. 具有变色效应的金绿宝石——变石的著名产地是（　　）。
    A. 泰国　　　B. 斯里兰卡　　　C. 俄罗斯　　　D. 巴西
23. 金绿宝石常呈现（　　）。
    A. 金刚光泽　　　B. 玻璃光泽至亚金刚光泽
    C. 油脂光泽　　　D. 蜡状光泽
24. 在金绿宝石的分类中，具有猫眼效应的变石称为（　　）。
    A. 猫眼　　　B. 变石猫眼　　　C. 猫眼变石　　　D. 猫眼效应变石
25. 影响金绿宝石质量的主要因素有（　　）。
    A. 颜色　　　B. 透明度和质量
    C. 净度和切工　　　D. 以上答案均正确
26. 光泽是识别宝石的基本依据之一。金绿宝石呈现特有的（　　）光泽。
    A. 玻璃　　　B. 玻璃光泽至亚金刚光泽
    C. 蜡状　　　D. 金刚
27. 具有猫眼效应的金绿宝石，表现出猫眼效应的条件之一是该宝石应加工琢磨成（　　）琢型。
    A. 阶梯形　　　B. 方形　　　C. 星形　　　D. 弧面形
28. 猫眼专指具有猫眼效应的（　　）。
    A. 金绿宝石　　　B. 变石　　　C. 祖母绿　　　D. 海蓝宝石

29. 就猫眼的颜色而言，下列所列出的颜色中最差的是（　　）。
   A. 蜜黄色　　　　B. 黄绿色　　　　C. 黄白色　　　　D. 灰色

30. 猫眼肉眼识别的主要依据是（　　）。
   A. 颜色　　　　B. 光泽　　　　C. 猫眼效应　　　　D. 以上答案均正确

31. 通常情况下，水晶呈现（　　）断口。
   A. 阶梯状　　　　B. 平坦状　　　　C. 参差状　　　　D. 贝壳状

32. 绿水晶比较罕见，最早于1950年发现于（　　）。
   A. 马达加斯加　　B. 巴西　　　　C. 中国　　　　D. 赞比亚

33. （　　）是水晶中最具价值的宝石品种。
   A. 紫晶　　　　B. 发晶　　　　C. 黄水晶　　　　D. 烟晶

34. 东方珠的著名产地是（　　）。
   A. 缅甸　　　　B. 波斯湾　　　　C. 日本　　　　D. 中国

35. 珍珠具有特有的（　　）光泽。
   A. 珍珠　　　　B. 树脂　　　　C. 油脂　　　　D. 玻璃

36. 珍珠与塑料仿珠的主要识别特征是（　　）。
   A. 圆度　　　　B. 表面光滑度　　C. 光泽　　　　D. 以上答案均正确

37. 珍珠具有特有的（　　）光泽，该光泽是珍珠肉眼识别的主要标志之一。
   A. 珍珠　　　　B. 玻璃　　　　C. 蜡状　　　　D. 树脂

常见玉石

一、判断题（将判断结果填入括号内。正确的填"√"，错误的填"×"）

1. 翡翠在18世纪中叶由缅甸传入我国，我国也是翡翠的主要产地之一。（　　）
2. "翡翠"一词在我国古代是指两种名称分别为翡和翠的鸟。（　　）
3. 冰种翡翠是指透明度非常好、接近完全透明的翡翠。（　　）
4. 用稀酸溶解翡翠缝隙中的杂质和杂色，使翡翠颜色变得均匀，这种方法属于翡翠的优化。（　　）

5. 翡翠的颜色分布一般不均匀，呈团块状、斑状及脉状分布。（ ）
6. 一般而言，优质软玉的光泽为玻璃光泽。（ ）
7. 软玉又称"中国玉"，因为只有中国产出的软玉质量最好。（ ）
8. 世界上出产软玉的产地有俄罗斯、新西兰、美国和中国。（ ）
9. 软玉根据产出状态可分为山料、籽料和山流水三种。（ ）
10. 新疆和田多产优质软玉，质地细腻、温润。（ ）
11. 和田玉与相似的蛇纹石质玉的主要区别是蛇纹石质玉为蜡状光泽，且其硬度高于和田玉。（ ）
12. 和田玉的主要识别特征是其质地细腻、温润，具有油脂光泽。（ ）
13. 玉髓属于石英岩类玉石的一种。（ ）
14. 玉髓主要产于泰国、巴西、日本和中国等地。（ ）
15. 玉髓是具有纹带状或条带状结构的隐晶质石英岩。（ ）
16. 黄龙玉产于云南省德宏州龙陵县，2010 年 8 月 20 日，经中国商业联合会珠宝首饰委员会确认，该玉石在宝石学上应称为黄龙玉。（ ）
17. 通常情况下，玉髓的质地细腻、均匀。（ ）
18. 玛瑙和玉髓的主要识别特征是两者的透明度不同。（ ）
19. 我国的木变石原石主要从澳大利亚进口。（ ）
20. 我国河南淅川也有木变石的产出，但产量较低，质量较差。（ ）
21. 木变石常产于发生硅化的软玉矿中。（ ）
22. 木变石主要是依据其颜色和形态进行分类的。（ ）
23. 颜色和光泽是评价木变石质量的主要依据。（ ）
24. 一般而言，虎睛石的质量高于鹰睛石。（ ）
25. 颜色是肉眼识别木变石的主要依据。（ ）
26. 木变石具有平行纤维状结构，该结构是其能够表现出类似"虎睛"或"鹰睛"的主要原因之一。（ ）
27. 合成立方氧化锆属于人工宝石的一种，是 1976 年由前苏联科学家人工合成的。
（ ）

28. 合成立方氧化锆一般为无色，缺少钻石常见的黄色调。（   ）
29. 玻璃是在 1500 年前由印度人发明的。（   ）
30. 内部包裹体是识别玻璃的依据之一。（   ）
31. 玻璃的导热性较差，手摸之有凉感。（   ）
32. 宝石鉴定证书对珠宝首饰的主要性质、基本状态、品质以及产地进行检验和证明。
（   ）
33. 镶嵌钻石鉴定分级证书的颜色一栏中，考虑到戒托对钻石颜色的影响，所以该栏中可出现如 F～G 的颜色级别，这与裸钻分级证书有所不同。（   ）

二、单项选择题（选择一个正确的答案，将相应的字母填入题内的括号中）

1. 在成因上，翡翠主要是由（   ）作用而形成的。
   A. 火山　　　　B. 变质　　　　C. 沉积　　　　D. 冰川
2. 在翡翠业中，俗称的"水头"是指翡翠的（   ）。
   A. 透明度　　　B. 光泽　　　　C. 颜色　　　　D. 瑕疵
3. 翡翠品质评价的首要因素是（   ）。
   A. 质地　　　　　　　　　　　B. 质量
   C. 颜色和透明度　　　　　　　D. 切工
4. 所谓的"C"货翡翠是指（   ）翡翠。
   A. 镀膜　　　　B. 充填　　　　C. 酸洗　　　　D. 染色
5. 翡翠具有鉴定意义的"苍蝇翅"结构或"翠性"是指（   ）。
   A. 硬玉矿物解理面的闪光效应　　B. 硬玉断口的闪光效应
   C. 表面光泽　　　　　　　　　　D. 整体颜色
6. 世界上产出质量最好的软玉的国家是（   ）。
   A. 泰国　　　　B. 斯里兰卡　　C. 中国　　　　D. 南非
7. 软玉的品种一般是依据产状和（   ）来划分的。
   A. 硬度　　　　B. 光泽　　　　C. 密度　　　　D. 颜色
8. 优质软玉常表现出（   ）。
   A. 玻璃光泽　　B. 油脂光泽　　C. 蜡状光泽　　D. 树脂光泽

9. 软玉的结构是鉴定软玉的主要依据之一,其结构通常表现为(　　)结构。
   A. 毛毡状　　　　B. 粒状　　　　C. 片状　　　　D. 柱状

10. 现存于北京故宫博物院乐寿堂内的清代巨型玉雕"大禹治水图"的玉质属于(　　)。
    A. 软玉　　　　B. 翡翠　　　　C. 玛瑙　　　　D. 蛇纹石质玉

11. 玉髓的断口常呈现(　　)断口。
    A. 锯齿状　　　B. 平坦状　　　C. 阶梯状　　　D. 贝壳状

12. 玛瑙与玉髓的主要肉眼识别特征是(　　)。
    A. 纹带结构　　B. 透明度　　　C. 光泽　　　　D. 颜色

13. 木变石的原石是(　　)。
    A. 石棉　　　　B. 软玉　　　　C. 玛瑙　　　　D. 玉髓

14. 蓝色、蓝绿色或蓝灰色的木变石称为(　　)。
    A. 黄色木变石　B. 斑马虎睛石　C. 鹰睛石　　　D. 虎睛石

15. 合成立方氧化锆呈现(　　)。
    A. 玻璃光泽　　B. 金属光泽　　C. 金刚光泽　　D. 亚金刚光泽

16. 与钻石相比,合成立方氧化锆的刻面棱(　　),是其区别于钻石的依据之一。
    A. 锋利　　　　B. 有时破损　　C. 较钝　　　　D. 较钝并有时破损

17. 与钻石相比,合成立方氧化锆的"火彩"(　　)。
    A. 与钻石相似　B. 比钻石弱　　C. 比钻石强　　D. 与钻石一样

18. 宝石鉴定证书上 CMA 标志是指(　　)。
    A. 国家级或省市级产品质量监督检验中心授权认可标志
    B. 中国实验室国家认可委员会认可标志
    C. 国家进出口商品检验实验室认可委员会认可标志
    D. 国家计量认证标志

19. 钻石镶嵌首饰鉴定分级证书中"总质量"等于(　　)。
    A. 钻石质量　　　　　　　　　　B. 贵金属质量
    C. 钻石质量+贵金属质量　　　　D. 钻石质量+贵金属质量+标签质量

贵金属基础知识

一、判断题（将判断结果填入括号内。正确的填"√"，错误的填"×"）

1. 黄金是人类最早发现和利用的金属。（   ）
2. 黄金的密度和摩氏硬度均很高。（   ）
3. 黄金的颜色随所含杂质成分的不同而发生相应的变化。（   ）
4. 黄金在空气中加热至熔化也不会发生氧化反应，表明其化学性质很稳定。（   ）
5. 千足金在首饰上的印记有"千足金""金999""Au999"和"G999"等。（   ）
6. K金是指金与银、铜等金属组成的金合金。（   ）
7. K金的硬度低于足金和千足金。（   ）
8. 人类对铂金的认识比黄金晚。（   ）
9. 铂金的主要产地是澳大利亚、俄罗斯和加拿大等国，这些国家的铂金储量约占世界总储量的98%。（   ）
10. 铂族中只有铂金被广泛应用于珠宝首饰业。（   ）
11. 铂金的化学性质非常稳定，耐酸和碱的腐蚀能力很强。（   ）
12. 钯金的化学性质稳定，通常情况下不易氧化和失去光泽。（   ）
13. 钯的密度是铂族元素中最高的。（   ）
14. 印记"Pt950"表示首饰中含铂量千分数等于950。（   ）
15. 含铂量千分数不低于999的铂金称为足铂。（   ）
16. 含钯量千分数不低于999的钯金称为足钯。（   ）
17. 我国是白银资源较丰富的国家，白银的储量位居世界第六位，产量位居世界第三位。（   ）
18. 银的摩氏硬度和熔点都较高。（   ）
19. 银首饰的印记用"S925银"表示。（   ）
20. 含银量千分数不低于999的银饰品称为足银。（   ）
21. 根据我国行业标准，包金首饰金覆盖层的厚度不得小于1 μm。（   ）

22. 根据我国行业标准,"P3Au"表示包金覆盖层的厚度为 3 μm。   (   )

二、单项选择题（选择一个正确的答案，将相应的字母填入题内的括号中）

1. 印记为"Au750"的首饰表示其金含量为（   ）。
   A. 9K   B. 22K   C. 18K   D. 14K

2. 铂族贵金属中，目前首饰中常用的有（   ）。
   A. 钯   B. 铂、钌   C. 铂、铑   D. 铂、钯

3. 铂的元素符号为（   ）。
   A. Au   B. Pt   C. Pd   D. Ag

4. 印记"Pt900"表示首饰中铂含量千分数不低于（   ）。
   A. 950   B. 990   C. 900   D. 850

5. 钯含量千分数不低于990的钯金称为（   ）。
   A. 950钯   B. 足钯   C. 千足钯   D. 500钯

6. 2002年，在中国白银年会上，被中国有色金属协会命名为"中国银都"的是（   ）。
   A. 四川攀枝花   B. 湖南永兴   C. 湖南兴化   D. 江西德兴

7. 包金层金含量为750‰的首饰的印记为（   ）。
   A. 18KGP   B. 18KP   C. 18KF   D. 14KF

贵金属首饰

一、判断题（将判断结果填入括号内。正确的填"√"，错误的填"×"）

1. 素金戒指一般采用死圈。   (   )
2. 一般情况下，项链的常见长度为 45 cm。   (   )
3. 脚链按佩戴位置划分，属于脚饰的一种。   (   )
4. 最常用的领带夹是压簧式领带夹。   (   )
5. 机链工艺是指用机械进行链饰品加工的工艺，其特点是效率高、款式多、质量好，但加工数量较少。   (   )

6. 批花工艺是一种用高速旋转的金刚石铣刀在饰品表面刻划出闪光条痕，并形成花纹的工艺。（   ）

7. 喷砂也称铣花，通常所谓的闪光戒或闪光坠就是由此工艺制作而成的。（   ）

8. 花丝工艺在首饰加工工艺的分类中属于贵金属首饰的表面处理工艺。（   ）

9. 包金工艺在首饰加工工艺的分类中属于传统的手工工艺。（   ）

二、单项选择题（选择一个正确的答案，将相应的字母填入题内的括号中）

1. （   ）工艺是首饰业中最主要的生产工艺，适用于凹凸明显的饰品，并可大批量生产。

    A. 失蜡浇铸   B. 机链   C. 冲压   D. 批花

2. （   ）工艺是将捶打得极薄的金箔层层包裹在非黄金饰品上，不留接缝，其饰品的外观酷似黄金饰品。

    A. 批花   B. 花丝   C. 包金   D. 錾刻

第4部分

操作技能复习题

宝石识别

一、宝石识别——红宝石的肉眼识别（试题代码：1.1.2；考核时间：12 min）

1. 试题单

(1) 操作条件

1) 提供 10 倍宝石放大镜。

2) 提供 20 倍宝石放大镜。

3) 提供宝石镊子。

4) 提供红宝石样品（0.30 ct 以上，刻面型）。

5) 提供仿红宝石样品（红色玻璃，刻面型）。

6) 提供的两种宝石样品颜色、大小、琢型须相近。

(2) 操作内容

1) 选择和使用放大镜对样品进行观察。

2) 描述识别结果，并填写识别依据。

(3) 操作要求

1) 正确选择和使用放大镜对样品进行观察。

2) 正确选择识别结果，并填写识别依据。

2. 答题卷

试题代码		1.1.2	
放大镜的选用与操作	选用	□10倍放大镜	
		□20倍放大镜	
	请考生以正确姿势操作放大镜		
识别结果与识别依据	识别结果（在正确选项前的□内打"√"）	□1.1.2.1为红宝石	
		□1.1.2.2为红宝石	
	识别依据（至少写出3条依据）		

3. 评分表

试题代码及名称		1.1.2 宝石识别——红宝石的肉眼识别		考核时间	12 min				
评价要素	配分	等级	评分细则	评定等级					得分
				A	B	C	D	E	
1 放大镜的选用与操作	10	A	放大镜选择正确，操作要点全部正确						
		B	放大镜选择正确，1个操作要点错误						
		C	放大镜选择正确，2~3个操作要点错误						
		D	放大镜选择错误，但操作要点至少有1个正确						
		E	选用与操作全部错误						
2 识别结果与识别依据	20	A	识别结果正确，识别依据中有3个正确						
		B	识别结果正确，识别依据中有1个错误						
		C	识别结果正确，识别依据中有2~3个错误						
		D	识别结果错误，但识别依据至少有1个正确						
		E	差或未答题						
合计配分	30								

等级	A（优）	B（良）	C（及格）	D（较差）	E（差或未答题）
比值	1.0	0.8	0.6	0.2	0

"评价要素"得分＝配分×等级比值。

4. 参考答案

（1）放大镜的选用与操作

1）选用：10 倍放大镜。

2）放大镜操作要点

①手势。用持放大镜的手的小拇指抵住持样品的手，以保持样品稳定。

②眼睛。保持双眼睁开，手握住放大镜，将放大镜靠近眼睛，距离约为 2.5 cm。

③样品距离。用镊子夹住宝石放至距放大镜约 2.5 cm 的位置，调节焦距。

（2）识别结果与识别依据

1）识别结果：1.1.2.1 为红宝石。

2）主要识别依据（考生只要答对其中的 3 条即可）。

①红宝石内部含有很多固体包裹体，净度较差。

②红宝石内部不含气泡。

③红宝石的颜色分布不均匀。

④红宝石可具有色带。

二、宝石识别——蓝宝石的肉眼识别（试题代码：1.1.3；考核时间：12 min）

1. 试题单

（1）操作条件

1）提供 10 倍宝石放大镜。

2）提供 20 倍宝石放大镜。

3）提供宝石镊子。

4）提供蓝宝石样品（0.30 ct 以上，刻面型）。

5）提供蓝色玻璃样品。

6）提供两种宝石的颜色、大小、琢型须相近。

（2）操作内容

1）选择和使用放大镜对样品进行观察。

2）描述识别结果，并填写识别依据。

（3）操作要求

1) 正确选择和使用放大镜对样品进行观察。
2) 正确选择识别结果，并填写识别依据。

2. 答题卷

试题代码	1.1.3	
放大镜的选用与操作	选用	□10 倍放大镜
		□20 倍放大镜
	请考生以正确姿势操作放大镜	
识别结果与识别依据	识别结果（在正确选项前的□内打"√"）	□1.1.3.1 为蓝宝石
		□1.1.3.2 为蓝宝石
	识别依据（至少写出 3 条依据）	

3. 评分表

同上题。

4. 参考答案

(1) 放大镜的选用与操作

1) 选用：10 倍放大镜。

2) 放大镜操作要点

①手势。用持放大镜的手的小拇指抵住持样品的手，以保持样品稳定。

②眼睛。保持双眼睁开，手握住放大镜，将放大镜靠近眼睛，距离约 2.5 cm。

③样品距离。用镊子夹住宝石放至距放大镜约 2.5 cm 的位置，调节焦距。

(2) 识别结果与识别依据

1) 识别结果：1.1.3.1 为蓝宝石。

2) 主要识别依据（考生只要答对其中的 3 条即可）。

①蓝宝石内部含有固体包裹体，净度较差。

②蓝宝石内部不含气泡。

③蓝宝石具有平直的色带。

④蓝宝石颜色分布不均匀。

三、宝石识别——祖母绿的识别（试题代码：1.1.4；考核时间：12 min）

1. 试题单

（1）操作条件

1）提供 10 倍宝石放大镜。

2）提供 20 倍宝石放大镜。

3）提供宝石镊子。

4）提供祖母绿样品（0.30 ct 以上，祖母绿琢型）。

5）提供玻璃仿祖母绿样品。

6）提供两种宝石的颜色、大小、琢型须相近。

（2）操作内容

1）选择和使用放大镜对样品进行观察。

2）描述识别结果，并填写识别依据。

（3）操作要求

1）正确选择和使用放大镜对样品进行观察。

2）正确选择识别结果，并填写识别依据。

2. 答题卷

试题代码	1.1.4	
放大镜的选用与操作	选用	□10 倍放大镜
		□20 倍放大镜
	请考生以正确姿势操作放大镜	
识别结果与识别依据	识别结果（在正确选项前的□内打"√"）	□1.1.4.1 为祖母绿
		□1.1.4.2 为祖母绿
	识别依据（至少写出 3 条依据）	

3. 评分表

同上题。

4. 参考答案

(1) 放大镜的选用与操作

1) 选用：10 倍放大镜。

2) 放大镜操作要点

①手势。用持放大镜的手的小拇指抵住持样品的手，以保持样品稳定。

②眼睛。保持双眼睁开，手握住放大镜，将放大镜靠近眼睛，距离约 2.5 cm。

③样品距离。用镊子夹住宝石放至距放大镜约 2.5 cm 的位置，调节焦距。

(2) 识别结果与识别依据

1) 识别结果：1.1.4.1 为祖母绿。

2) 主要识别依据（考生只要答对其中的 3 条即可）。

①祖母绿内部含有很多固体包裹体，净度较差。

②祖母绿内部具有较多裂隙。

③祖母绿透明度较差，为半透明至透明。

④祖母绿内部不含气泡。

四、宝石识别——钻石的肉眼识别（2）(试题代码：1.1.5；考核时间：12 min)

1. 试题单

(1) 操作条件

1) 提供 10 倍宝石放大镜。

2) 提供 20 倍宝石放大镜。

3) 提供宝石镊子。

4) 提供钻石样品（0.30 ct 以上，标准圆钻琢型）。

5) 提供水晶样品。

6) 提供两种宝石的颜色、大小、琢型须相近。

(2) 操作内容

1) 选择和使用放大镜对样品进行观察。

2) 描述识别结果，并填写识别依据。

(3) 操作要求

1) 正确选择和使用放大镜对样品进行观察。

2）正确选择识别结果，并填写识别依据。

2. 答题卷

试题代码	1.1.5	
放大镜的选用与操作	选用	☐ 10 倍放大镜
		☐ 20 倍放大镜
	请考生以正确姿势操作放大镜	
识别结果与识别依据	识别结果（在正确选项前的☐内打"√"）	☐ 1.1.5.1 为钻石
		☐ 1.1.5.2 为钻石
	识别依据（至少写出 3 条依据）	

3. 评分表

同上题。

4. 参考答案

（1）放大镜的选用与操作

1）选用：10 倍放大镜。

2）放大镜操作要点

①手势。用持放大镜的手的小拇指抵住持样品的手，以保持样品稳定。

②眼睛。保持双眼睁开，手握住放大镜，将放大镜靠近眼睛，距离约 2.5 cm。

③样品距离。用镊子夹住宝石放至距放大镜约 2.5 cm 的位置，调节焦距。

（2）识别结果与识别依据

1）识别结果：1.1.5.1 为钻石。

2）主要识别依据（考生只要答对其中的 3 条即可）。

①钻石具有压线效应。

②钻石的刻面棱平直、锋锐，相邻棱均严格交于一点。

③钻石的"火彩"自然柔和。

④钻石具有金刚光泽。

⑤钻石亲油疏水性。即用油性笔可以在钻石台面划下一连续的线条。

五、宝石识别——猫眼的肉眼识别（试题代码：1.1.6；考核时间：12 min）

1. 试题单

（1）操作条件

1）提供 10 倍宝石放大镜。

2）提供 20 倍宝石放大镜。

3）提供宝石镊子。

4）提供猫眼样品（0.30 ct 以上，刻面型）。

5）提供木变石样品。

6）提供两种宝石的颜色、大小、琢型须相近。

（2）操作内容

1）选择和使用放大镜对样品进行观察。

2）描述识别结果，并填写识别依据。

（3）操作要求

1）正确选择和使用放大镜对样品进行观察。

2）正确选择识别结果，并填写识别依据。

2. 答题卷

试题代码		1.1.6
放大镜的选用与操作	选用	□10 倍放大镜
		□20 倍放大镜
	请考生以正确姿势操作放大镜	
识别结果与识别依据	识别结果（在正确选项前的□内打"√"）	□1.1.6.1 为猫眼
		□1.1.6.2 为猫眼
	识别依据（至少写出 3 条依据）	

3. 评分表

同上题。

4. 参考答案

(1) 放大镜的选用与操作

1) 选用：10 倍放大镜。

2) 放大镜操作要点

①手势。用持放大镜的手的小拇指抵住持样品的手，以保持样品稳定。

②眼睛。保持双眼睁开，手握住放大镜，将放大镜靠近眼睛，距离约 2.5 cm。

③样品距离。用镊子夹住宝石放至距放大镜约 2.5 cm 的位置，调节焦距。

(2) 识别结果与识别依据

1) 识别结果：1.1.6.1 为猫眼。

2) 主要识别依据（考生只要答对其中的 3 条即可）。

①猫眼具有强玻璃光泽。

②猫眼具有特征的金黄绿色，眼线清晰灵活。

③猫眼具有特征的猫眼效应。

④猫眼不具有丝绢光泽。

六、宝石识别——翡翠的肉眼识别（试题代码：1.1.7；考核时间：12 min）

1. 试题单

(1) 操作条件

1) 提供 10 倍宝石放大镜。

2) 提供 20 倍宝石放大镜。

3) 提供宝石镊子。

4) 提供翡翠样品（0.3 ct 以上，绿色，素面型）。

5) 提供绿色玻璃样品。

6) 提供两种宝石的颜色、大小须相近。

(2) 操作内容

1) 选择和使用放大镜对样品进行观察。

2) 描述识别结果，并填写识别依据。

(3) 操作要求

1) 正确选择和使用放大镜对样品进行观察。

2) 正确选择识别结果，并填写识别依据。

2. 答题卷

试题代码		1.1.7	
放大镜的选用与操作	选用	☐10倍放大镜	
		☐20倍放大镜	
	请考生以正确姿势操作放大镜		
识别结果与识别依据	识别结果（在正确选项前的☐内打"√"）	☐1.1.7.1为翡翠	
		☐1.1.7.2为翡翠	
	识别依据（至少写出3条依据）		

3. 评分表

同上题。

4. 参考答案

（1）放大镜的选用与操作

1）选用：10倍放大镜。

2）放大镜操作要点

①手势。用持放大镜的手的小拇指抵住持样品的手，以保持样品稳定。

②眼睛。保持双眼睁开，手握住放大镜，将放大镜靠近眼睛，距离约2.5 cm。

③样品距离。用镊子夹住宝石放至距放大镜约2.5 cm的位置，调节焦距。

（2）识别结果与识别依据

1）识别结果：1.1.7.1为翡翠。

2）主要识别依据有：（考生只要答对其中的3条即可）。

①翡翠的颜色分布不均匀。

②翡翠含有固体杂质，透明度低，常为半透明至微透明。

③反射光下可见翡翠特征的"苍蝇翅"结构。

④翡翠的光泽为带油脂的玻璃光泽。

七、宝石识别——白玉的肉眼识别（试题代码：1.1.8；考核时间：12 min）

1. 试题单

(1) 操作条件

1) 提供10倍宝石放大镜。

2) 提供20倍宝石放大镜。

3) 提供宝石镊子。

4) 提供白玉样品（0.3 ct以上，白至青白色，素面型）。

5) 提供无色玻璃样品。

6) 提供两种宝石的颜色、大小须相近。

(2) 操作内容

1) 选择和使用放大镜对样品进行观察。

2) 描述识别结果，并填写识别依据。

(3) 操作要求

1) 正确选择和使用放大镜对样品进行观察。

2) 正确选择识别结果，并填写识别依据。

2. 答题卷

试题代码		1.1.8
放大镜的选用与操作	选用	□10倍放大镜
		□20倍放大镜
	请考生以正确姿势操作放大镜	
识别结果与识别依据	识别结果（在正确选项前的□内打"√"）	□1.1.8.1 为白玉
		□1.1.8.2 为白玉
	识别依据（至少写出3条依据）	

3. 评分表

同上题。

4. 参考答案

(1) 放大镜的选用与操作

1) 选用：10 倍放大镜。

2) 放大镜操作要点

①手势。用持放大镜的手的小拇指抵住持样品的手，以保持样品稳定。

②眼睛。保持双眼睁开，手握住放大镜，将放大镜靠近眼睛，距离约 2.5 cm。

③样品距离。用镊子夹住宝石放至距放大镜约 2.5 cm 的位置，调节焦距。

(2) 识别结果与识别依据

1) 识别结果：1.1.8.1 为白玉。

2) 主要识别依据

①白玉透明度低，大多数为微透明。

②白玉呈现油脂光泽。

③白玉质地细腻、温润。

八、宝石识别——珍珠的肉眼识别（试题代码：1.1.9；考核时间：6 min）

1. 试题单

(1) 操作条件

1) 提供 10 倍宝石放大镜。

2) 提供 20 倍宝石放大镜。

3) 提供宝石镊子。

4) 提供珍珠样品（养殖珍珠、白色、钻孔）。

5) 提供仿珍珠样品（塑料、钻孔）。

6) 提供珍珠样品颜色、大小、琢型须接近。

(2) 操作内容

1) 选择和使用放大镜对样品进行观察。

2) 描述识别结果，并填写识别依据。

(3) 操作要求

1) 正确选择和使用放大镜对样品进行观察。

2) 正确选择识别结果，并填写识别依据。

2. 答题卷

试题代码		1.1.9	
放大镜的选用与操作	选用	□10倍放大镜	
		□20倍放大镜	
	请考生以正确姿势操作放大镜		
识别结果与识别依据	识别结果（在正确选项前的□内打"√"）	□1.1.9.1为珍珠	
		□1.1.9.2为珍珠	
	识别依据（至少写出3条依据）		

3. 评分表

同上题。

4. 参考答案

（1）放大镜的选用与操作

1）选用：10倍放大镜。

2）放大镜操作要点

①手势。用持放大镜的手的小拇指抵住持样品的手，以保持样品稳定。

②眼睛。保持双眼睁开，手握住放大镜，将放大镜靠近眼睛，距离约2.5 cm。

③样品距离。用镊子夹住宝石放至距放大镜约2.5 cm的位置，调节焦距。

（2）识别结果与识别依据

1）识别结果：1.1.9.1为珍珠。

2）主要识别依据（考生只要答对其中的3条即可）。

①珍珠具有珍珠光泽。

②珍珠与仿珍珠相比，手悋有重感。

③珍珠常具有伴色。也即珍珠表明的晕彩色。

④珍珠常有勒腰。

首饰识别

一、贵金属首饰印记、材质和成色识别（2）（试题代码：2.1.2；考核时间：6 min)

1. 试题单

（1）操作条件

1）提供 5 倍宝石放大镜一个。

2）提供 10 倍宝石放大镜一个。

3）提供 20 倍宝石放大镜一个。

4）提供 Pt900、Pd900 和 S925 项链各一条。

（2）操作内容

1）选择和使用放大镜对饰品进行观察。

2）观察贵金属首饰印记。

3）识别贵金属首饰的材质和成色。

（3）操作要求

1）正确选择和使用放大镜对饰品进行观察。

2）正确识别贵金属首饰的材质和成色，填写识别结果。

2. 答题卷

试题代码		2.1.2	
放大镜的选用与操作（在正确选项前的 □ 内打 "√"）	选用	□5 倍放大镜	
		□10 倍放大镜	
		□20 倍放大镜	
	请考生以正确姿势操作放大镜		
首饰材质与成色识别（填写相应的空格）	2.1.2.1 样品	主体材质	
		成色	
	2.1.2.2 样品	主体材质	
		成色	
	2.1.2.3 样品	主体材质	
		成色	

3. 评分表

试题代码及名称			2.1.2 贵金属首饰印记、材质和成色识别（2）		考核时间			6 min	
评价要素	配分	等级	评分细则	评定等级					得分
				A	B	C	D	E	
1	放大镜选择与操作	5	A	放大镜选择正确，操作要点完全正确						
			B	放大镜选择正确，1个操作要点错误						
			C	放大镜选择正确，2个操作要点错误						
			D	放大镜选择正确，3个操作要点全部错误；或放大镜选择错误，但操作要点至少有1个正确						
			E	差或未答题						
2	贵金属印记、材质和成色识别	10	A	结果全部正确						
			B	1～2个结果错误						
			C	3～4个结果错误						
			D	5～6个结果错误						
			E	未答题						
合计配分		15							

等级	A（优）	B（良）	C（及格）	D（较差）	E（差或未答题）
比值	1.0	0.8	0.6	0.2	0

"评价要素"得分=配分×等级比值。

4. 参考答案

（1）放大镜的选用与操作

1）选用：5倍放大镜。

2）放大镜操作要点

①手势。用持放大镜的手的小拇指抵住持样品的手，以保持样品稳定。

②眼睛。保持双眼睁开，手握住放大镜，将放大镜靠近眼睛，距离约2.5 cm。

③样品距离。用镊子夹住宝石放至距放大镜约2.5 cm的位置，调节焦距。

（2）贵金属材质与成色识别

1) 2.1.2.1的印记为"Pt900"，材质主体为铂金，铂含量不小于900‰。

2) 2.1.2.2 的印记为"Pd900",材质主体为钯金,钯含量不小于 900‰。

3) 2.1.2.3 的印记为"S925",材质主体为银,银含量不小于 925‰。

二、贵金属首饰印记、材质和成色识别 (3) (试题代码: 2.1.3; 考核时间: 6 min)

1. 试题单

(1) 操作条件

1) 提供 5 倍宝石放大镜一个。

2) 提供 10 倍宝石放大镜一个。

3) 提供 20 倍宝石放大镜一个。

4) 提供 Pt900、18K 和千足金戒指各一枚。

(2) 操作内容

1) 选择和使用放大镜对饰品进行观察。

2) 观察贵金属首饰印记。

3) 识别贵金属首饰材质和成色。

(3) 操作要求

1) 正确选择和使用放大镜对饰品进行观察。

2) 正确识别贵金属首饰材质和成色,填写识别结果。

2. 答题卷

试题代码		2.1.3	
放大镜的选用与操作(在正确选项前的 □ 内打 "√")	选用	□5 倍放大镜	
		□10 倍放大镜	
		□20 倍放大镜	
	请考生以正确姿势操作放大镜		
首饰材质与成色识别(填写相应的空格)	2.1.3.1 样品	主体材质	
		成色	
	2.1.3.2 样品	主体材质	
		成色	
	2.1.3.3 样品	主体材质	
		成色	

3. 评分表

同上题。

4. 参考答案

（1）放大镜的选用与操作

1）选用：5倍放大镜。

2）放大镜操作要点

①手势。用持放大镜的手的小拇指抵住持样品的手，以保持样品稳定。

②眼睛。保持双眼睁开，手握住放大镜，将放大镜靠近眼睛，距离约2.5 cm。

③样品距离。用镊子夹住宝石放至距放大镜约2.5 cm的位置，调节焦距。

（2）贵金属材质及成色识别

1）2.1.3.1的印记为"18K"，材质主体为黄金，黄金含量为750‰。

2）2.1.3.2的印记为"千足金"，材质主体为黄金，黄金含量不小于999‰。

3）2.1.3.3的印记为"Pt900"，材质主体为铂金，铂金含量不小于900‰。

三、贵金属首饰印记、材质和成色识别（4）（试题代码：2.1.4；考核时间：6 min）

1. 试题单

（1）操作条件

1）提供5倍宝石放大镜一个。

2）提供10倍宝石放大镜一个。

3）提供20倍宝石放大镜一个。

4）提供18KF、18KP和"S925"戒指各一枚。

（2）操作内容

1）选择和使用放大镜对饰品进行观察。

2）观察贵金属首饰印记。

3）识别贵金属首饰材质和成色。

（3）操作要求

1）正确选择和使用放大镜对饰品进行观察。

2）正确识别贵金属首饰材质和成色，填写识别结果。

2. 答题卷

试题代码		2.1.4	
放大镜的选用与操作（在正确选项前的 □ 内打"√"）	选用	□5 倍放大镜	
		□10 倍放大镜	
		□20 倍放大镜	
	请考生以正确姿势操作放大镜		
首饰材质与成色识别（填写相应的空格）	2.1.4.1 样品	主体材质	
		成色	
	2.1.4.2 样品	主体材质	
		成色	
	2.1.4.3 样品	主体材质	
		成色	

3. 评分表

同上题。

4. 参考答案

(1) 放大镜的选用与操作

1) 选用：5 倍放大镜。

2) 放大镜操作要点

①手势。用持放大镜的手的小拇指抵住持样品的手，以保持样品稳定。

②眼睛。保持双眼睁开，手握住放大镜，将放大镜靠近眼睛，距离约 2.5 cm。

③样品距离。用镊子夹住宝石放至距放大镜约 2.5 cm 的位置，调节焦距。

(2) 贵金属材质及成色识别

2.1.4.1 的印记为"18KF"，表示包金首饰，包金层黄金含量为 750‰。

2.1.4.2 的印记为"18KP"，表示镀金首饰，镀金层黄金含量为 750‰。

2.1.4.3 的印记为"S925"，材质主体为银，银含量不小于 925‰。

四、贵金属首饰工艺识别（1）（试题代码：2.2.1；考核时间：6 min)

1. 试题单

1）提供喷砂首饰一件。

2）提供失蜡浇铸首饰一件。

（2）操作内容

1）识别每种贵金属首饰加工工艺。

2）识别每种贵金属首饰加工工艺的特点。

（3）操作要求

1）正确识别每种贵金属首饰加工工艺。

2）正确描述（选择）每种贵金属首饰加工工艺的特点。

2. 答题卷

试题代码	2.2.1	
填写贵金属首饰加工工艺名称	2.2.1.1 _____	2.2.1.2 _____
选择贵金属首饰加工工艺的特点（将正确的选项前字母填到相应的空格中）	喷砂的工艺特点为_____	失蜡浇铸的工艺特点为_____
	A. 压花，是一种浮雕图案制作工艺，适用于底面凹凸的饰品	
	B. 根据首饰样本制成橡胶模具，用铸造机进行首饰的批量生产的方法，是首饰业中最主要的生产工艺	
	C. 一种用錾刀在贵金属表面上用手工打造纹饰的工艺，其特点是纹饰凹凸不平	
	D. 将贵金属首饰表面局部喷成砂面，其目的是增强首饰外观艺术美感	
	E. 由金属细丝经盘曲、掐花、填丝等制作的细金工艺，由此工艺制作成的首饰纤细、精巧	

3. 评分表

试题代码及名称				2.2.1 贵金属首饰工艺识别（1）				考核时间		6 min	
评价要素		配分	等级	评分细则		评定等级					得分
					A	B	C	D	E		
1	识别贵金属首饰加工工艺及特点	15	A	贵金属首饰加工工艺及特点识别全部正确							
			B	贵金属首饰加工工艺及特点识别有1个错误							
			C	贵金属首饰加工工艺及特点识别有2个错误							
			D	贵金属首饰加工工艺及特点识别有3~4个错误							
			E	未答题							
合计配分		15									

等级	A（优）	B（良）	C（及格）	D（较差）	E（未答题）
比值	1.0	0.8	0.6	0.2	0

"评价要素"得分＝配分×等级比值。

4. 参考答案

（1）识别贵金属首饰加工工艺

2.2.1.1为喷砂，2.2.1.2为失蜡浇铸。

（2）贵金属首饰加工工艺的特点

喷砂的工艺特点为D，失蜡浇铸的工艺特点为B。

五、贵金属首饰工艺识别（2）（试题代码：2.2.2；考核时间：6 min）

1. 试题单

（1）操作条件

1）提供冲压首饰一件。

2）提供錾刻首饰一件。

（2）操作内容

1）识别每种贵金属首饰加工工艺。

2）识别每种贵金属首饰加工工艺的特点。

(3) 操作要求

1) 正确识别每种贵金属首饰加工工艺。

2) 正确描述（选择）每种贵金属首饰加工工艺的特点。

2. 答题卷

试题代码	2.2.2	
填写贵金属首饰加工工艺名称	2.2.2.1 为_____	2.2.2.2 为_____
选择贵金属首饰加工工艺的特点（将正确的选项前字母填到相应的空格中）	冲压的工艺特点为_____	錾刻的工艺特点为_____
	A. 一种浮雕图案制作工艺，适用于底面凹凸的饰品，又称压花	
	B. 首饰业中最主要的生产工艺，适用于凹凸明显的饰品，并可批量生产	
	C. 一种用錾刀在贵金属表面上用手工打造纹饰的工艺，其特点是纹饰凹凸不平	
	D. 一种对贵金属表面进行镀层处理的方法，其目的是增强首饰外观效果	
	E. 由金属细丝经盘曲、掐花、填丝等制作的细金工艺，由此工艺制作成的首饰纤细、精巧	

3. 评分表

同上题。

4. 参考答案

(1) 识别贵金属首饰加工工艺

2.2.2.1 为冲压，2.2.2.2 为錾刻。

(2) 贵金属首饰加工工艺的特点

冲压的工艺特点为 A，錾刻的工艺特点为 C。

六、贵金属首饰工艺识别（3）（试题代码：2.2.3；考核时间：6 min）

1. 试题单

(1) 操作条件

1) 提供批花首饰一件。

2) 提供冲压首饰一件。

(2) 操作内容

1) 识别每种贵金属首饰加工工艺。

2) 识别每种贵金属首饰加工工艺的特点。

(3) 操作要求

1) 正确识别每种贵金属首饰加工工艺。

2) 正确描述（选择）每种贵金属首饰加工工艺的特点。

2. 答题卷

试题代码	2.2.3	
填写贵金属首饰加工工艺名称	2.2.3.1 为_____	2.2.3.2 为_____
选择贵金属首饰加工工艺的特点（将正确的选项前字母填到相应的空格中）	批花的工艺特点为_____	冲压的工艺特点为_____
	A. 将极薄的金箔层层包裹在非黄金饰品上，不留接缝，包金饰品的外观酷似黄金饰品	
	B. 一种浮雕图案制作工艺，适用于底面凹凸的饰品，又称压花	
	C. 用高速旋转的金刚石铣刀，在饰品表面刻画出闪光条痕，并形成花纹	
	D. 将贵金属首饰表面局部喷成砂面，其目的是增强首饰外观艺术美感	
	E. 指用机械进行链饰品加工的方法，其特点是加工批量大、效率高、款式多、质量好	

3. 评分表

同上题。

4. 参考答案

(1) 识别贵金属首饰加工工艺

2.2.3.1 为批花，2.2.3.2 为冲压。

(2) 贵金属首饰加工工艺的特点

批花的工艺特点为 C，冲压的工艺特点为 B。

七、贵金属首饰工艺识别（4）（试题代码：2.2.4；考核时间：6 min）

1. 试题单

(1) 操作条件

1) 提供喷砂首饰一件。

2) 提供批花首饰一件。

(2) 操作内容

1) 识别每种贵金属首饰加工工艺。

2）识别每种贵金属首饰加工工艺的特点。

（3）操作要求

1）正确识别每种贵金属首饰加工工艺。

2）正确描述（选择）每种贵金属首饰加工工艺的特点。

2. 答题卷

试题代码	2.2.4	
填写贵金属首饰加工工艺名称	2.2.4.1为_____	2.2.4.2为_____
选择贵金属首饰加工工艺的特点（将正确的选项前字母填到相应的空格中）	喷砂的工艺特点为_____	批花的工艺特点为_____
	A. 将极薄的金箔层层包裹在非黄金饰品上，不留接缝，包金饰品的外观酷似黄金饰品	
	B. 首饰业中最主要的生产工艺，适用于凹凸明显的饰品，并可批量生产	
	C. 用高速旋转的金刚石铣刀，在饰品表面刻画出闪光条痕，并形成花纹	
	D. 将贵金属首饰表面局部喷成砂面，其目的是增强首饰外观艺术美感	
	E. 指用机械进行链饰品加工的方法，其特点是加工批量大、效率高、款式多、质量好	

3. 评分表

同上题。

4. 参考答案

（1）识别贵金属首饰加工工艺

2.2.4.1为喷砂，2.2.4.2为批花。

（2）贵金属首饰加工工艺的特点

喷砂的工艺特点为D，批花的工艺特点为C。

八、戒指手寸和项链长短的目测估算（1）～（4）（试题代码：2.3.1～2.3.4；考核时间：6 min)

1. 试题单

（1）操作条件

1）提供戒指一枚。

2）提供项链一条。

（2）操作内容

1) 目测戒指手寸。
2) 目测项链长度。
(3) 操作要求
1) 在不使用专业工具的条件下，正确目测戒指手寸，并填写手寸号。
2) 在不使用专业工具的条件下，正确目测项链长度，并填写项链长度。

2. 答题卷

试题代码	2.3.1~2.3.4
目测戒指手寸	号
目测项链长度	cm

3. 评分表

试题代码及名称		2.3.1 戒指手寸和项链长短的目测估算（1）~（4）			考核时间		6 min				
评价要素	配分	等级	评分细则			评定等级					得分
						A	B	C	D	E	
1	目测估算戒指手寸	10	A	目测估算无误差							
			B	目测估算误差在正负 1 号之间							
			C	目测估算误差在正负 2 号之间							
			D	目测估算误差在正负 3 号之间							
			E	差或未答题							
2	目测估算项链长度	5	A	目测估算无误差							
			B	目测估算误差在正负 1 cm 之间							
			C	目测估算误差在正负 2 cm 之间							
			D	目测估算误差在正负 3 cm 之间							
			E	差或未答题							
合计配分	15										

等级	A（优）	B（良）	C（及格）	D（较差）	E（差或未答题）
比值	1.0	0.8	0.6	0.2	0

"评价要素"得分＝配分×等级比值。

4. 参考答案

（1）戒指手寸范围一般为 8～26 号。具体尺寸以考站提供样品为准，操作时在不使用专业工具的条件下，允许考生采用任意方法目测，但不能使用标记等指示性的记号等。

（2）目测估算项链长度。项链长度范围一般为 38～48 cm，具体尺寸以考站提供样品为准。操作时在不使用专业工具的条件下，允许考生采用任意方法目测，但不能使用标记等指示性的记号等。

珠宝首饰销售

一、销售实务——宝玉石鉴定证书的认知和解读（试题代码：3.1.1；考核时间：6 min）

1. 试题单

（1）操作条件。提供如下图所示的宝玉石鉴定证书一张。

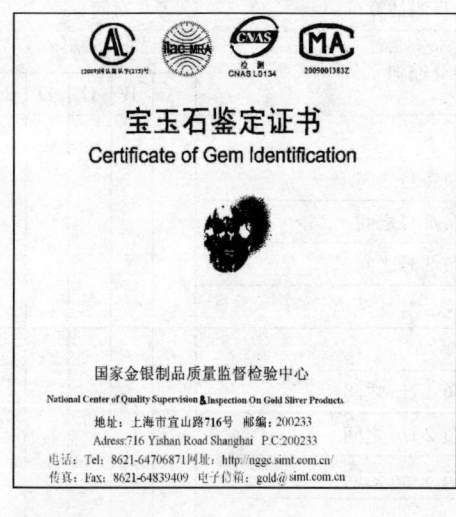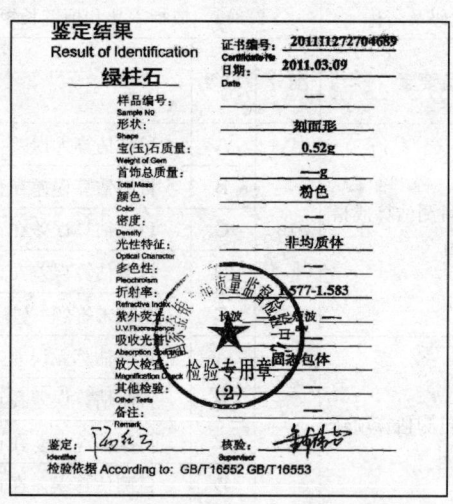

（2）操作内容

1）阅读和理解宝玉石鉴定证书的各项内容。

2）根据提供的宝玉石鉴定证书，填写试题表的各项内容。

（3）操作要求

1）正确理解宝玉石鉴定证书的各项内容。

2）根据提供的宝玉石鉴定证书，正确填写试题表的各项内容。

2. 答题卷

根据提供的宝玉石鉴定证书,正确填写试题表的各项内容。

试题代码	3.1.1		
鉴定证书的认证机构			
宝石检测机构		证书编号	
宝石的检测结果		检验依据	
宝石质量		鉴定者	

3. 评分表

试题代码及名称			3.1.1 销售实务——宝玉石鉴定证书的认知和解读		考核时间			6 min	
评价要素	配分	等级	评分细则	评定等级					得分
				A	B	C	D	E	
填写试题表的各项内容	20	A	7项内容填写全部正确						
		B	1项内容填写错误						
		C	2项内容填写错误						
		D	3～7项内容填写错误						
		E	未答题						
合计配分	20								

等级	A(优)	B(良)	C(及格)	D(较差)	E(未答题)
比值	1.0	0.8	0.6	0.2	0

"评价要素"得分=配分×等级比值。

4. 参考答案

试题代码	3.1.1		
鉴定证书的认证机构	CAL,ilac—MRA,CNAS,CMA		
宝石检测机构	国家金银制品质量监督检验中心	证书编号	201111272704689
宝石的检测结果	绿柱石	检验依据	GB/T16552,GB/T16553
宝石质量	0.52 g	鉴定者	汤红云

二、销售实务——镶嵌钻石分级证书的认知和解读(试题代码:3.1.2;考核时间:6 min)

1. 试题单

(1) 操作条件。提供镶嵌钻石分级证书一张。

国家珠宝玉石质量监督检验中心
NATIONAL GEMSTONE TESTING CENTER

检验结论 Conclusion	钻石戒指
总质量 Weight	2.6734g
形状 Shape	圆钻形
颜色级别 Color	I-J
净度级别 Clarity	VS
台宽比 Table %	53.0-66.0
亭深比 Depth %	41.5-45.0
贵金属检测 Precious Metal	Pt950
备注 Remarks	
检验人 Tester 毕征云	负责人 Supervisor 韩晓

证书编号:S-XGD08222
日期:2004-08-04
防伪码:45676901

镶嵌钻石分级证书
QUALITY REPORT OF MOUNTED DIAMOND

(2) 操作内容

1) 阅读和理解镶嵌钻石分级证书的各项内容。

2) 根据提供的镶嵌钻石分级证书,填写试题表的各项内容。

(3) 操作要求

1) 正确理解镶嵌钻石分级证书的各项内容。

2) 根据提供的镶嵌钻石分级证书,正确填写试题表的各项内容。

2. 答题卷

试题代码	3.1.2	
鉴定机构		
检测结果	证书编号	
首饰总重量	防伪码	
贵金属检测结果	钻石净度级别	

3. 评分表

同上题。

4. 参考答案

试题代码	3.1.2		
鉴定机构	国家珠宝玉石质量监督检验中心		
检测结果	钻石戒指	证书编号	S—XGD08222
首饰总重量	2.673 4 g	防伪码	45678901
贵金属检测结果	Pt950	钻石净度级别	VVS

三、销售实务——铂金镶嵌首饰销售开票（试题代码：3.1.3；考核时间：6 min）

1. 试题单

（1）背景资料：国庆节期间，某珠宝商场铂金镶嵌饰品打九五折销售。某顾客在该商场购买了1件优惠销售的饰品。下图是该顾客购买的饰品的吊牌。请依据饰品的吊牌开具公司内部销售小票。

```
品名：Pt950铂金钻戒
钻石：0.85ct
铂金重：5.77g
尺寸：16P69号
价格：23400.00元/件
```

（2）试题要求

1）正确计算金额。

2）正确填写开票金额。

3）正确填写开票其他信息。

2. 答题卷

(1) 写出金额计算过程

(2) 填写首饰销售内部小票

	××商场首饰销售内部小票				NO：03670818	
_____顾客				日期：_____		
货号 STOCK NO	品名和成色 PARTICULARS&COUPLERS	件数 QUANTITIES	重量 NET WEIGHT	单价 UNIT PRICE	工费 FOR FEES	金额 AMOUNT
合计人民币（大写）		拾　万　千　佰　拾　元　角　分　¥：				
营业员：_____		收银员：_____				

3. 评分表

试题代码及名称			3.1.3 销售实务——铂金镶嵌首饰销售开票		考核时间			6 min		
评价要素	配分	等级	评分细则		评定等级					得分
					A	B	C	D	E	
1	正确计算金额	10	A	计算公式正确，计算结果正确						
			B	计算公式正确，计算结果误差小于等于1‰						
			C	计算公式正确，计算结果误差小于等于2‰						
			D	计算公式错误，计算结果错误						
			E	未答题						
2	正确填写开票金额及其他信息	10	A	所有内容填写全部正确						
			B	1项内容填写错误						
			C	2项内容填写错误						
			D	3项及3项以上内容填写错误						
			E	未答题						
合计配分	20									

等级	A（优）	B（良）	C（及格）	D（较差）	E（未答题）
比值	1.0	0.8	0.6	0.2	0

"评价要素"得分＝配分×等级比值。

4. 参考答案

（1）正确计算

金额＝23 400.00×95％＝22 230.00（元）

优惠金额＝23 400.00×（1－95％）＝1 170.00（元）

（2）正确填写开票金额及其他信息（10分）

正确填写开票金额内容为：顾客购买首饰的总金额。

顾客：购买饰品的顾客姓名。

货号名称：此条款中的货号由商店条形码表示，一般不统一。

其他信息：销售日期、营业员、收银员。

销售日期为××××年10月1至7日的任意1天均可。营业员、收银员的相应栏目由考生自行填写。

	××商场首饰销售内部小票				NO：03670818	
	小王　顾客			日期：　××××.10.1－7		
货号 STOCK NO	品名和成色 PARTICULARS&COUPLERS	件数 QUANTITIES	重量 NET WEIGHT	单价 UNIT PRICE	工费 FOR FEES	金额 AMOUNT
1850003000	Pt950 铂金钻戒 钻石：0.85 ct	壹	5.77 g			23 400.00 优惠 1 170.00
	合计人民币（大写）	零拾贰万贰仟贰佰叁拾零元零角零分				￥22 230.00
营业员：　12345			收银员：　47859			

四、销售实务——黄金首饰销售开票（试题代码：3.1.5；考核时间：6 min）

1. 试题单

（1）背景资料：某顾客于2012年6月10日购买千足金项链一条，重量为8.59 g，千足金当日牌价380.00元/g，工费800元，请开具公司内部销售小票。

(2) 试题要求

1) 正确计算金额。

2) 正确填写开票金额。

3) 正确填写开票其他信息。

2. 答题卷

(1) 写出金额计算过程

(2) 填写首饰销售内部小票

××商场首饰销售内部小票							NO：30128208						
_____顾客							日期：_____						
货号	品名	成色	件数	重量	单价	工费	金额（元）						
							万	千	百	十	元	角	分
合计人民币（大写）													
柜组：_____ 制票：_____ 收款：_____													

3. 评分表

同上题。

4. 参考答案

(1) 正确计算

金额＝380×8.59＋800＝4 064.2（元）

(2) 正确填写开票金额及其他信息

正确填写开票金额内容为：顾客购买首饰的总金额。

顾客：此送来铂金首饰加工的顾客名称。

货号名称：此条款中的货号由商店条形码表示，一般不统一。

其他信息：柜组、销售日期、制票人员、收款人员。

以上发票中的相应栏目由考生自行填写。

		××商场首饰销售内部小票							NO：30128208				
小王 顾客								日期：2012.6.10					
货号	品名	成色	件数	重量	单价	工费	金额（元）						
								万	千	百	十	元	角	分
111100	黄金项链	千足金	1	8.59 g	380	800	￥		4	0	6	4	2	0
合计人民币（大写）				肆仟零陆拾肆元贰角整									
柜组：001　制票：002　收款：003													

五、销售实务——铂金首饰销售开票（试题代码：3.1.6；考核时间：6 min）

1. 试题单

（1）背景资料：某顾客于 2012 年 7 月 10 日购买 Pt950 项链一条，重量 5.20 g，PT950 当日牌价 340.00 元/g，工费 800 元，请开具公司内部销售小票。

（2）试题要求

1）正确计算金额。

2）正确填写开票金额。

3）正确填写开票其他信息。

2. 答题卷

（1）写出计算过程

(2) 填写首饰销售内部小票

		××商场首饰销售内部小票						NO：61884320					
_____顾客								日期：_____					
货号	品名	成色	件数	重量	单价	工费	金额（元）						
							万	千	百	十	元	角	分
合计人民币（大写）													
柜组：_____ 制票：_____ 收款：_____													

3. 评分表

同上题。

4. 参考答案

（1）正确计算金额

金额＝340×5.20＋800＝2 568.00（元）

（2）正确填写开票金额及其他信息

正确填写开票金额内容为：顾客购买首饰的总金额。

顾客：购买饰品的顾客姓名。

货号名称：此条款中的货号由商店条形码表示，一般不统一。

其他信息：柜组、销售日期、制票人员、收款人员。

以上发票中的相应栏目由考生自行填写。

		××商场首饰销售内部小票						NO：61884320					
__小王__顾客								日期：2012.7.10					
货号	品名	成色	件数	重量	单价	工费	金额（元）						
							万	千	百	十	元	角	分
111100	Pt950项链	Pt950	1	5.20 g	340	800	¥	2	5	6	8	0	0
合计人民币（大写）					贰仟伍佰陆拾捌元整								
柜组：_001_ 制票：_002_ 收款：_003_													

六、销售实务——黄金镶嵌首饰销售开票（试题代码：3.1.7；考核时间：6 min）

1. 试题单

(1) 背景资料：国庆节期间，某珠宝商场黄金镶嵌饰品打九五折销售。某顾客在该商场购买了一件该优惠销售的饰品。下图是该顾客购买的饰品的吊牌。请依据饰品的吊牌开具公司内部销售小票。

> 品名：白色18K金镶嵌镶宝戒指
> 红宝石：20粒/0.39ct，
> 合成立方氧化锆：9粒/0.53ct
> 金重：4.77g
> 尺寸：16P69号
> 价格：5200.00元/件

(2) 试题要求

1) 正确计算金额。

2) 正确填写开票金额。

3) 正确填写开票其他信息。

2. 答题卷

(1) 写出金额计算过程

（2）填写首饰销售内部小票

	××商场首饰销售内部小票			NO：91066864		
_____顾客				日期：_____		
货号 STOCK NO	品名和成色 PARTICULARS&COUPLERS	件数 QUANTITIES	重量 NET WEIGHT	单价 UNIT PRICE	工费 FOR FEES	金额 AMOUNT
合计人民币（大写）		拾 万 千 佰 拾 元 角 分 ￥：				
营业员：_____	收银员：_____					

3. 评分表

同上题。

4. 参考答案

（1）正确计算金额

金额＝5 200×95％＝4 940（元）

优惠金额＝5 200×（1－95％）＝260（元）

（2）正确填写开票金额及其他信息

正确填写开票金额内容为：顾客购买首饰的总金额。

顾客：购买饰品的顾客姓名。

货号名称：此条款中的货号由商店条形码表示，一般不统一。

其他信息：销售日期、营业员、收银员。

销售日期为××××年10月1至7日的任意1天均可。营业员、收银员的相应栏目由考生自行填写。

	××商场首饰销售内部小票			NO：91066864		
小王 顾客					日期：××××.10.1—7	
货号 STOCK NO	品名和成色 PARTICULARS&COUPLERS	件数 QUANTITIES	重量 NET WEIGHT	单价 UNIT PRICE	工费 FOR FEES	金额 AMOUNT
185000521	白色18K金镶嵌镶宝戒指 红宝石：20粒/0.39 ct， 合成立方氧化锆：9粒/0.53 ct	壹	4.77 g			5 200.00 优惠： 260.00
	合计人民币（大写）	零 拾 零 万 肆 千 玖 佰 肆 拾 零 元 零 角 零 分　¥4 940.00				
营业员：　12345		收银员：　47859				

七、销售管理——镶嵌首饰商品标签填写（试题代码：3.2.1；考核时间：6 min）

1. 试题单

（1）背景资料：钻戒（单钻）一枚，信息如下："QB/2062－03""深圳钻石厂""Pt950""0.35 ct""H/VS2""4 500元""3.52 g"。请填写商品标签。

（2）试题要求

1）正确填写标准号、品名、产地、价格。

2）正确填写成色、重量。

3）正确填写钻石级别。

2. 答题卷

标准号		品名		产地	
含量		克重		克拉重	
级别		价格		制造商	

3. 评分表

试题代码及名称			3.2.1 销售管理——镶嵌首饰商品标签填写		考核时间			6 min		
评价要素	配分	等级	评分细则		评定等级					得分
					A	B	C	D	E	
1 正确填写首饰商品标签	20	A	标签内容填写全部正确							
		B	标签内容填写有1项错误							
		C	标签内容填写有2项错误							
		D	标签内容填写有3项及3项以上错误							
		E	未答题							
合计配分	20									

等级	A（优）	B（良）	C（及格）	D（较差）	E（未答题）
比值	1.0	0.8	0.6	0.2	0

"评价要素"得分=配分×等级比值。

4. 参考答案

标准号	QB/2062－03	品名	钻戒	产地	中国深圳
含量	Pt950	克重	3.52 g	克拉重	0.35 ct
级别	H/VS2	价格	4 500 元	制造商	深圳钻石厂

八、销售管理——铂金首饰商品标签填写（试题代码：3.2.2；考核时间：6 min）

1. 试题单

（1）背景资料：现有铂金戒指一枚，信息如下："QB/2062－03""戒指""深圳首饰厂""Pt950""4 500 元""3.52 g"。请填写商品标签。

（2）试题要求

1）正确填写标准号、品名。

2）正确填写产地、价格。

3）正确填写成色、重量。

2. 答题卷

标准号		品名		产地	
含量		克重		克拉重	
级别		价格		制造商	

3. 评分表

同上题。

4. 参考答案

标准号	QB/2062—03	品名	戒指	产地	中国深圳
成色	Pt950	克重	3.52 g	克拉重	
级别		价格	4 500元	制造商	深圳首饰厂

九、销售管理——商品调价单填写（试题代码：3.2.4；考核时间：6 min)

1. 试题单

(1) 背景资料：已知千足金首饰库存数量为 15 600 g，调整前零售单价为 400 元/g，珠宝公司于 2012 年 8 月 30 日接到上海黄金饰品行业协会 2012 年第 4 号有关黄金调价的文件，黄金单价上调 5 元，请填写商品调价单。(以上题目数据为模拟信息)

(2) 试题要求

1) 正确计算调价数据。

2) 正确填写调价数据。

3) 正确填写其他信息。

2. 答题卷

(1) 计算过程

调整后单价：

调高价格总金额：

(2) 填写调价单（部门、填表日期由考生自行设计填写）。

商品调价单

调价通知日期：_____

填报部门：_____　　填表日期：_____　　调价通知文号：_____

货号	品名	单位	库存数量	单价（元）		调整单价（元）	调高价格总金额（元）	调低价格总金额（元）
				调整前	调整后			

3. 评分表

试题代码及名称			3.2.4　销售管理——商品调价单填写		考核时间			6 min	
评价要素		配分	等级	评分细则	评定等级				得分
					A	B	C	D	E	
1	正确计算调价数据	10	A	计算公式正确，计算结果正确						
			B	计算公式正确，计算结果误差小于等于1%						
			C	计算公式正确，计算结果误差小于等于2%						
			D	计算公式错误，计算结果错误						
			E	未答题						
2	正确填写调价数据及其他信息	10	A	所有内容填写全部正确						
			B	1项内容填写错误						
			C	2项内容填写错误						
			D	3项及3项以上内容填写错误						
			E	未答题						
合计配分		20								

等级	A（优）	B（良）	C（及格）	D（较差）	E（未答题）
比值	1.0	0.8	0.6	0.2	0

"评价要素"得分＝配分×等级比值。

4. 参考答案

(1) 正确计算

调整后单价＝调整前单价＋调整单价＝400＋5＝405（元）

调高价格总金额＝调整单价×库存数量＝5×15 600＝78 000（元）

(2) 正确填写调价数据及其他信息（填报部门、填表日期、货号由考生自行填写）

商品调价单

调价通知日期：2012.8.30

填报部门：黄金专柜　　　　填表日期：2012.9.1　　　　调价通知文号：沪金饰协字（2012）第4号

货号	品名	单位	库存数量	零售（元）		调整单价（元）	调高价格总金额（元）	调低价格总金额（元）
				调整前	调整后			
123560	千足金饰品	克	15 600	400.00	405.00	5.00	78 000.00	

十、销售管理——商品削价报告单填写（试题代码：3.2.5；考核时间：6 min）

1. 试题单

(1) 背景资料：已知2012年10月5日，某珠宝公司有Pt900钻石戒指一枚，原价7 880元/枚，因优惠酬宾削价，削价后7 092元/枚，请填写商品削价报告单。

(2) 试题要求

1) 正确计算削价数据。

2) 正确填写削价数据。

3) 正确填写其他信息。

2. 答题卷

(1) 计算过程：

　　损失金额：

（2）填写报告单（部门、日期、部门签字等由考生自行设计填写）

商品削价单

填写部门：_____　　　　　　　　　　　　　　　　　　日期：_____

货号	品名	单位	进货情况			调整数量	调整金额	原价（元）		削价（元）		原因说明
			时间	数量	进价			单价	金额	单价	金额	
损失金额：_____元			其中：成本损失金额不考虑			合计						物资负责人签名（盖章）
商品部意见		商场意见				计划业务部意见			公司批示			

3. 评分表

试题代码及名称		3.2.5 销售管理——商品削价报告单填写			考核时间		6 min			
评价要素	配分	等级	评分细则		评定等级					得分
					A	B	C	D	E	
1	正确计算削价数据	10	A	计算公式正确，计算结果正确						
			B	计算公式正确，计算结果误差小于等于1%						
			C	计算公式正确，计算结果误差小于等于2%						
			D	计算公式错误，计算结果错误						
			E	未答题						
2	正确填写削价数据及其他信息	10	A	所有内容填写全部正确						
			B	1项内容填写错误						
			C	2项内容填写错误						
			D	3项及3项以上内容填写错误						
			E	未答题						
合计配分		20								

等级	A（优）	B（良）	C（及格）	D（较差）	E（未答题）
比值	1.0	0.8	0.6	0.2	0

"评价要素"得分＝配分×等级比值。

4. 参考答案

（1）正确计算削价数据

损失金额＝（原价－削价后价格）×数量＝（7 880－7 092）×1＝788.00（元）

（2）正确填写削价数据及其他信息（填写部门、日期、部门意见（签字）等由考生自行填写）

商品削价单

填写部门：<u>黄金珠宝部</u>　　　　　　　　　　　　　　　　　　　　　时间：2012.10.5

| 货号 | 品名 | 单位 | 进货情况 ||| 调整数量 | 调整金额 | 原价（元） || 削价后（元） || 原因说明 |
			时间	数量	进价			单价	金额	单价	金额	
12345	Pt900 钻石戒指	枚				1	788	7 880.00	7 880.00	7 092.00	7 092.00	优惠酬宾
损失金额：<u>788.00</u> 元			其中：成本损失金额不考虑			合计		7 880.00	7 880.00	7 092.00	7 092.00	物资负责人签名（盖章）小黄
商品部意见	同意签字：___		商场意见	同意签字：___			计划业务部意见	同意签字：___		公司批示	同意签字：___	

第 5 部分
理论知识考试模拟试卷及答案

珠宝首饰营业员（五级）理论知识试卷

注 意 事 项

1. 考试时间：90 min。
2. 请首先按要求在试卷的标封处填写您的姓名、准考证号和所在单位的名称。
3. 请仔细阅读各种题目的回答要求，在规定的位置填写您的答案。
4. 不要在试卷上乱写乱画，不要在标封区填写无关的内容。

	一	二	总分
得分			

得分	
评分人	

一、判断题（第 1 题～第 60 题。将判断结果填入括号中。正确的填"√"，错误的填"×"。每题 0.5 分，满分 30 分）

1. "爱岗敬业，提高素质"属于珠宝首饰营业员职业道德的规范要求。　　　　（　　）
2. 营业员仪表要求，主要是指富贵奢华的着装要求，适合陪衬或展示珠宝首饰。
　　　　　　　　　　　　　　　　　　　　　　　　　　　　　　　　　（　　）

3. 售货过程的起点是接待工作。（　　）
4. 商品调价就是按物价管理权限进行提高或降低商品的原定价格。（　　）
5. 商品的盘点部门要设置专职记账员，柜组盘点账目要与记账员盘点账目相符。（　　）
6. 收据是一种收付款凭证，不能入账。（　　）
7. 营业员应以饱满的精神、文雅的仪表、时刻做好接待顾客的准备。（　　）
8. 求实、求新、求美等消费者购买心理动机属于顾客个性心理活动。（　　）
9. 丰满但短小的手指适合佩戴指圈很宽或很窄的戒指。（　　）
10. 男性佩戴首饰最主要的目的是自身形象的美化，使外貌更具魅力。（　　）
11. 处理顾客的异议，应该让当事人去处理，不管发生什么情况，企业部门或上级无须介入。（　　）
12. 珠宝商场维修、镶嵌柜台确因工艺需要使用明火的，要按消防规定做好相应的预防措施。（　　）
13. 年轻人可以选择佩戴体积稍大、设计上略显成熟的首饰。（　　）
14. 在梯形陈列法中，小型的珠宝首饰一般摆放在距离眼睛最近的地方，以扩大视觉效果。（　　）
15. 严重污损的珍珠，可用20％的盐水浸泡清洗。（　　）
16. 欧泊在日常保养中，不可用超声波清洗，应防止高温，不可强光直照，防止脱水变干破损。（　　）
17. 当珠宝首饰礼品包装完成后，必须进行包装质量的检查，力求美观、均匀、适中。（　　）
18. 七月生辰的人适合佩戴蓝宝石戒指。（　　）
19. 在《中华人民共和国消费者权益保护法》中，经营者有接受消费者监督的义务。（　　）
20. 1毫米等于0.393英寸。（　　）
21. "ct"一词源自古希腊语，原为一种小角树，1 ct等于一粒小角树种子的质量。1907年被国际组织确定为宝石的质量单位。（　　）

22. 在钻石业中，常用 ct 作为质量单位，1 ct 等于 0.5 g。（   ）
23. 通常珠宝首饰行业中的"两"等同于日常生活中的"市两"。（   ）
24. 电子数显卡尺禁止用仪器清洁油擦拭，以防止腐蚀刻度和电池。（   ）
25. 有关戒指的指环大小，我国国家标准是以戒指的内圆周长来表述的。（   ）
26. 珠宝玉石是对天然珠宝玉石和人工珠宝玉石的统称，简称宝石。（   ）
27. 宝石的商业价值不能作为宝石分类的原则。（   ）
28. 人造宝石是指由人工制造且自然界无已知对应物的晶质体、非晶质体或集合体。（   ）
29. 合成宝石在命名时应在所对应的天然宝石名称前加"仿"字。（   ）
30. 宝石在外界能量的激发下发光，而当激发源关闭后发光立即消失，这种发光现象称为磷光。（   ）
31. 如果某种宝石具有两种或两种以上的颜色，这种宝石就能表现出变彩效应。（   ）
32. 具有星光效应的宝石，其内部含有两组或两组以上平行定向排列的包裹体。（   ）
33. 在使用宝石放大镜观察宝石时，应将一只手持放大镜，另一只手用镊子夹住宝石，并将双肘支撑在桌面上以保持稳定。（   ）
34. 热导仪是根据宝石良好的导热性能而设计的专门仪器，主要用来区分大部分宝石及其仿制品。（   ）
35. 热导仪在使用时，若探针接触到金属托架，仪器不会发生尖锐的报警声。（   ）
36. 钻石的形成主要与火山作用有关，是在地壳深处高温高压条件下形成的。（   ）
37. 2000 年 7 月戴比尔斯正式宣布将不再致力于控制钻石原石供应，这意味着 D.T.C 将不再控制全球钻石价格。（   ）
38. 大多数钻石在紫外线的照射下都能产生不同程度的荧光现象。（   ）
39. 钻石具有高折射率，所以透过钻石可见压线。（   ）
40. 钻石净度是指钻石纯净、无瑕、透明的程度。（   ）
41. 钻石理想的切工要求就是要将入射光全部反射回钻石台面，最大限度地展现钻石的色散效果。（   ）
42. 除红色色调以外，达宝石级的刚玉均称为蓝宝石。（   ）

43. 绝大多数天然产出的红宝石内部都含有矿物包裹体。（   ）
44. 我国山东省昌乐县所产出的蓝宝石，其颜色主要呈深蓝至黑蓝色。（   ）
45. 一般而言，蓝宝石的颜色不具有识别依据。（   ）
46. 绿柱石族宝石的摩氏硬度较大，通常为 7.5～8。（   ）
47. 祖母绿经济评价的主要依据为重量。（   ）
48. 变石是五月份的生辰石，象征着富裕、幸福和长寿。（   ）
49. 就颜色而言，蜜黄色猫眼的品质要比淡黄绿色猫眼的品质高。（   ）
50. 水晶是多晶质石英岩的一种。（   ）
51. 珍珠晶莹圆润，颜色纯净高雅，素有宝石"皇后"之美誉。（   ）
52. 对珍珠染色主要是将珍珠直接浸入化学溶剂中着色。（   ）
53. 翡翠是多晶质矿物集合体，主要的组成矿物是硬玉。（   ）
54. 就透明度而言，翡翠的透明度越高，水头越长，其品质越高。（   ）
55. 2010 年新版珠宝玉石名称国家标准中规定，和田玉不具有产地意义。（   ）
56. 常用作仿宝石的玻璃是铅玻璃。（   ）
57. 世界黄金产地主要分布在中国、俄罗斯、南非、美国、澳大利亚等地。（   ）
58. 银首饰在空气中易与硫生成硫化银，故银首饰表面会呈深褐色。（   ）
59. 由纯金、银打造，镯身光洁无花的手镯称为无花手镯。（   ）
60. 批花工艺是一种用高速旋转的金刚石铣刀，在饰品表面刻划出闪光条痕，并形成花纹的工艺。（   ）

二、单项选择题（第 1 题～第 140 题。选择一个正确的答案，将相应的字母填入题内的括号中。每题 0.5 分，满分 70 分）

1. （   ）是世界上最大的钻石加工出口国和世界最大的黄金需求市场。
    A. 美国   B. 印度   C. 中国香港   D. 南非
2. 以下属于珠宝首饰营业员职业道德规范要求的是（   ）。
    A. 严格要求，完成指标   B. 规范操作，保证质量
    C. 利润第一，真诚服务   D. 团队合作，争创先进
3. 进货周期即进货的间隔天数，是指一次进货的商品数量的（   ）时间。

A. 存储　　　　　B. 运输　　　　　C. 销售　　　　　D. 生产加工

4. 商品验收是（　　）。

　　A. 数量验收　　　　　　　　B. 质量验收

　　C. 数量验收和质量验收　　　D. 数量点收和质量验收

5. 珠宝首饰商店商品销售的核心工作就是（　　）。

　　A. 商品交换　　　　　　　　B. 商品交易

　　C. 商品推销和议价　　　　　D. 商品交换和交易

6. 商品变价就是对商品原售价的（　　）。

　　A. 调整与变更　　B. 涨价　　C. 削价　　D. 折扣价

7. 消费倾向集体讨论判断法由有关人员共同讨论，分析各种条件，最后确定一个（　　）。

　　A. 规划值　　　B. 平均值　　　C. 预测值　　　D. 计划值

8. 销售趋势分析法中消费者投票评选法具体属于（　　）。

　　A. 抽样调查分析法　　　　　B. 销售实绩平均数法

　　C. 销售实绩对比分析法　　　D. 消费倾向集体讨论法

9. 支票是出票人签发的，由委托办理支票存款、支付业务的银行或其他金融机构见票时（　　）支付确定金额给收款人或持票人的票据。

　　A. 现金　　　　　B. 转账　　　　　C. 无条件　　　　　D. 有条件

10. 收据应视同（　　）一样管理，认真填写，专人保管，专门存放。

　　A. 商品　　　　　B. 文件　　　　　C. 工具　　　　　D. 发票

11. 零售商店采用开发票作为结算方式，一经开出，就负有（　　）。

　　A. 法律和道德上的责任　　　B. 包退包换的责任

　　C. 维修的责任　　　　　　　D. 法律责任

12. 开票交款法是指营业员开具（　　），由顾客到收银台交款。

　　A. 发票　　　　　　　　　　B. 销货凭证

　　C. 珠宝首饰货号　　　　　　D. 增值税发票

13. 当营业员递交给顾客已付款购买的商品时，看到顾客有零散之物，应该（　　）。

A. 主动代为包扎 B. 不予主动代为包扎
C. 视而不见 D. 及时与顾客所购商品隔开

14. 在售后道别的环节,要使离柜的顾客有( )。
   A. 满意感 B. 专业感 C. 权威感 D. 不满足感
15. 女性珠宝首饰营业员一般应着西服套裙或套装,色泽以( )为好,款式以简洁为主。
   A. 银色 B. 黑色 C. 中色 D. 明亮色
16. 在引导顾客时,营业员要尽量走在顾客( )左右的距离处。
   A. 左前方两步 B. 右前方两步 C. 左后方两步 D. 右后方两步
17. 商业心理学着重研究( )顾客心理活动及规律性。
   A. 现实的 B. 潜在的 C. 未知的 D. 现实的和潜在的
18. 顾客对商品的最初印象和感觉阶段,属于顾客心理活动中的( )过程。
   A. 认识 B. 意志 C. 情绪 D. 感觉
19. 天秤座的顾客适合佩戴( )戒指。
   A. 钻石 B. 祖母绿 C. 欧泊 D. 翡翠
20. 多数男性首饰的特点是( )。
   A. 轻盈 B. 精致 C. 端庄 D. 厚重
21. 年轻人不适合佩戴( )的首饰。
   A. 轻松 B. 简单
   C. 体积稍大、略显成熟 D. 有个性
22. 中年人不适合佩戴( )的首饰。
   A. 体积稍大 B. 设计上略显成熟
   C. 活泼、可爱 D. 端庄典雅
23. 营业员可以为老年人推荐( )的首饰。
   A. 轻松、复杂 B. 富贵、端庄
   C. 体积稍大、略显成熟 D. 有个性
24. 研究表明,在100个不满意的顾客中,一般有( )的客户会去投诉。

A. 50％　　　　B. 70％　　　　C. 30％　　　　D. 10％以内

25. 在表情规范要求上，营业员一般和顾客目光接触时，每次看顾客的眼睛（　　）秒左右，会让顾客感觉比较自然。

　　A. 1　　　　B. 2　　　　C. 3　　　　D. 5

26. 营业员在收货时，（　　）。

　　A. 可以不理睬顾客　　　　　　　B. 应当停止点货，先接待顾客
　　C. 可以让顾客稍等片刻　　　　　D. 可以边点货边接待顾客

27. 商业心理学是在商品流通领域，研究（　　）的特定范围心理活动的科学。

　　A. 顾客　　　　　　　　　　　　B. 企业管理人员
　　C. 营业员　　　　　　　　　　　D. 顾客、企业管理人员、营业员

28. 当营业员遇到不顺心的事情，顾客却要求热情接待的矛盾时，关键在于（　　）。

　　A. 保持沉默，不必理睬顾客
　　B. 正确处理好自己的情绪，神情专注地进入角色，为顾客服好务
　　C. 让顾客自己去找上级领导解决矛盾
　　D. 营业员要沉着冷静地进行回忆，并妥善解决

29. 要理解顾客，站在（　　）的立场上，设身处地地为顾客考虑，更好地防止与缓解营业中与顾客发生矛盾。

　　A. 法律　　　　B. 公司　　　　C. 顾客与公司　　　　D. 顾客

30. 珠宝首饰商场发生火灾，营业员首先要做到（　　）。

　　A. 利用消防设施自救　　　　　　B. 拨打"119"报警并利用消防设施自救
　　C. 在现场保护商品并等待消防员　D. 报警

31. 将珠宝首饰敞开，展示商品全貌的展示方法是（　　）。

　　A. 敞开法　　　B. 宣传法　　　C. 说明法　　　D. 示意法

32. 在珠宝首饰的橱窗陈列中，（　　）是指运用不同的艺术形式和处理方法，在一个橱窗内集中介绍某一类的首饰。

　　A. 综合式　　　B. 系统式　　　C. 专题式　　　D. 特写式

33. 关于欧泊的清洗和保养，以下说法错误的是（　　）。

A. 可用软布擦拭　　　　　　　　B. 可用碱性洗洁剂清洗

C. 单独存放　　　　　　　　　　D. 防高温

34. 关于琥珀的清洗和保养，以下说法正确的是（　　）。

A. 可用软布擦拭　　　　　　　　B. 可用碱性洗洁剂清洗

C. 可用硬毛刷清洗　　　　　　　D. 可用有机溶剂清洗

35. 对有一般违法行为的经营者，《中华人民共和国消费者权益保护法》规定，可进行的行政处罚中错误的是（　　）。

A. 警告　　　　　　　　　　　　B. 没收非法所得

C. 罚款　　　　　　　　　　　　D. 由公安机关处罚

36. 《产品质量法》所称的产品是指（　　）。

A. 经过加工的产品

B. 经过加工制作的产品

C. 经过加工、制作、用于销售的产品

D. 包括建筑工程

37. 《产品质量法》规定，因产品缺陷造成消费者人身伤害的，侵害人应当（　　）。

A. 赔偿医疗费

B. 赔偿医疗费、护理费

C. 赔偿医疗费、护理费、误工费等

D. 必须通过公安机关解决

38. 长度单位"米"的法定符号是（　　）。

A. M　　　　　B. cm　　　　　C. m　　　　　D. mm

39. 珠宝首饰企业常用g为质量单位，1g等于（　　）mg。

A. 10　　　　　B. 1 000　　　　C. 100　　　　D. 500

40. "1金衡盎司"等于（　　）g。

A. 28.35　　　B. 31.103 5　　　C. 33.25　　　D. 37.40

41. 电子数显卡尺是测量物体（　　）的计量工具。

A. 重量　　　　B. 体积　　　　C. 长度　　　　D. 密度

42. ct 秤是称量（   ）质量的器具。
    A. 玉石   B. 镶嵌首饰   C. 贵金属   D. 钻石

43. 1 司马两等于（   ）g。
    A. 1 000   B. 100   C. 37.429   D. 500

44. 手寸圈一般由（   ）个测量圈组成。
    A. 33   B. 32   C. 30   D. 28

45. 珠宝玉石包括（   ）。
    A. 天然宝石和天然玉石   B. 天然有机宝石
    C. 人工宝石   D. 以上三者都是

46. 天然玻璃属于（   ）。
    A. 天然宝石   B. 天然玉石
    C. 天然有机宝石   D. 人造宝石

47. 天然珠宝玉石中，钻石属于（   ）。
    A. 天然宝石   B. 天然玉石
    C. 天然有机宝石   D. 人造宝石

48. 仿宝石属于（   ）。
    A. 天然宝石   B. 天然玉石
    C. 人造宝石   D. 不代表宝玉石的具体类别

49. 主要的中低档宝石有（   ）。
    A. 蓝宝石   B. 海蓝宝石、碧玺、托帕石等
    C. 翡翠   D. 红宝石

50. 下面四种宝石命名正确的是（   ）。
    A. 缅甸蓝宝石   B. 南非钻石
    C. 塔希提黑珍珠   D. 红宝石

51. 处理宝石在命名时，在所对应的宝石名称后加括号注明"处理"二字，或在括号中注明（   ）。
    A. 人工处理   B. 处理方法   C. 假   D. 仿

52. 具有星光效应的红宝石，应命名为（　　）。
    A. 红宝石星光   B. 星光红宝石   C. 红宝石   D. 红宝石星光效应
53. 无色透明的宝石的颜色是由于（　　）全部透过宝石而引起的。
    A. 白光   B. 红光   C. 紫光   D. 黄光
54. 宝石学中一般所称的硬度是指摩氏硬度，它是（　　）。
    A. 绝对硬度   B. 压入硬度   C. 研磨硬度   D. 相对硬度
55. 宝石的韧性取决于宝石的（　　）。
    A. 内部结构   B. 密度   C. 硬度   D. 脆性
56. 宝石的折射率是指光在空气中的传播速度和光在宝石中的传播速度（　　）。
    A. 之比的平方   B. 之比
    C. 之比的四次方   D. 之比的立方
57. 宝石相对热导率的确定，通常是以银或（　　）的热导率为基准而测试的。
    A. 钻石   B. 金   C. 尖晶石   D. 翡翠
58. 断口是识别某些宝石的重要特征之一。如水晶的断口呈（　　）。
    A. 平坦状   B. 锯齿状   C. 贝壳状   D. 参差状
59. 猫眼效应产生的条件之一是宝石必须切割打磨成（　　）。
    A. 弧面（素面）   B. 刻面
    C. 片状   D. 块状
60. 变石能够呈现出（　　）效应。
    A. 变色   B. 变彩   C. 猫眼   D. 星光
61. 宝石的颜色随入射光波长的不同而发生变化的现象称为（　　）效应。
    A. 变彩   B. 变色   C. 晕彩   D. 砂金
62. 使用宝石放大镜不可能观察到宝石的（　　）。
    A. 硬度   B. 解理   C. 裂隙   D. 包裹体
63. 一般情况下，使用放大镜观察宝石时，眼睛视线应与夹有宝石的镊子的竖直方向（　　）。
    A. 垂直   B. 平行   C. 斜交 30°   D. 斜交 60°

64. 热导仪在预热时，应按照（   ）调节预热指示旋钮，使信号灯处于适当位置。

   A. 电流强度　　　　　　　　　　B. 待测宝石大小和室温

   C. 待测宝石大小　　　　　　　　D. 室温

65. 为了避免对钻石的净度和切工分级造成影响，一般在钻石分级中不常用的镊子是（   ）。

   A. 大号镊子　　B. 带槽镊子　　C. "井"纹镊子　　D. 小号镊子

66. 世界上第一个发现钻石的国家为（   ）。

   A. 希腊　　　　B. 埃及　　　　C. 印度　　　　D. 南非

67. 美国纽约依托巨大的钻石消费市场和高水平技师，选择中、大颗钻石作为主要加工特色，擅长加工（   ）ct以上钻石。

   A. 2　　　　　B. 1　　　　　C. 5　　　　　D. 3

68. H.R.D是（   ）的英文缩写。

   A. 比利时钻石高层议会　　　　　B. 比利时宝石学院

   C. 美国宝石学院　　　　　　　　D. 英国宝石协会和宝石检测实验室

69. 钻石的摩氏硬度为（   ）。

   A. 7　　　　　B. 8　　　　　C. 9　　　　　D. 10

70. （   ）钻石常具有半导体的特性。

   A. 无色　　　　B. 黄色　　　　C. 淡蓝色　　　　D. 粉色

71. 钻石国家标准规定，我国的钻石分级标准适合于（   ）ct及以上的裸钻。

   A. 0.2　　　　B. 0.4　　　　C. 0.5　　　　D. 0.6

72. 影响钻石净度的因素主要有（   ）。

   A. 包裹体的大小　　　　　　　　B. 包裹体的数量

   C. 包裹体的位置　　　　　　　　D. 以上三者均是

73. 中国钻石4C分级标准的主要颁布单位是（   ）。

   A. 国家质量监督检验检疫总局　　B. 上海钻石交易所

   C. 国家标准化管理委员会　　　　D. A和C共同颁布

74. IGI钻石分级标准是（   ）国际宝石学院的钻石分级标准。

A. 美国 B. 英国 C. 比利时 D. 以色列

75. 刚玉族宝石的摩氏硬度为（ ）。
    A. 9 B. 8 C. 7.5 D. 8.5

76. （ ）不是红宝石的产地。
    A. 南非 B. 缅甸 C. 斯里兰卡 D. 泰国

77. 红宝石的质量评价因素主要包括重量、颜色、净度、透明度和（ ）。
    A. 硬度 B. 内含物 C. 亮度 D. 切工

78. 评价蓝宝石质量的首要因素是（ ）。
    A. 重量 B. 净度 C. 颜色 D. 光泽

79. 蓝宝石的肉眼识别特征是（ ）。
    A. 颜色不均匀 B. 有平直的色带
    C. 有生长纹 D. 以上答案均正确

80. 绿柱石族宝石的美丽外观主要体现在其（ ）。
    A. 色泽 B. 颜色 C. 透明 D. 净度

81. 祖母绿的形成与（ ）作用有关。
    A. 火山 B. 变质 C. 沉积 D. 风化

82. 祖母绿可表现出的特殊光学效应是（ ）。
    A. 晕彩效应 B. 变彩效应 C. 猫眼效应 D. 变色效应

83. 肉眼识别天然祖母绿与合成祖母绿最主要的特征是（ ）。
    A. 颜色 B. 光泽 C. 包裹体 D. 特殊光学效应

84. 金绿宝石的形成与（ ）作用有关。
    A. 火山 B. 沉积 C. 变质 D. 火山、沉积和变质

85. 就颜色而言，金绿宝石最好的颜色是（ ）。
    A. 黄色 B. 金黄绿色 C. 绿色 D. 淡黄色

86. 金绿宝石肉眼识别的主要依据是（ ）。
    A. 颜色 B. 透明度 C. 光泽 D. 以上答案均正确

87. 优质猫眼的颜色是（ ）。

A. 黄白色　　　　B. 黄绿色　　　　C. 蜜黄色　　　　D. 淡黄色

88. 猫眼与石英猫眼肉眼识别的主要特征是（　　）。
　　A. 颜色　　　　　　　　　　　B. 眼线的清晰度
　　C. 结构　　　　　　　　　　　D. 以上答案均正确

89. 我国水晶最著名的产地是（　　），该地又是水晶的贸易集散地。
　　A. 河北张家口　B. 海南文昌　　C. 山东昌乐　　D. 江苏东海

90. （　　）是水晶中最具价值的宝石品种。
　　A. 紫晶　　　　B. 发晶　　　　C. 黄水晶　　　D. 烟晶

91. 发晶中的"发"是纤维状或针状的矿物集合体，最常见的矿物是（　　）。
　　A. 黄铁矿　　　B. 金红石　　　C. 刚玉　　　　D. 石英

92. 无色水晶与无色玻璃的主要识别特征是其（　　）。
　　A. 导热性　　　　　　　　　　 B. 包裹体
　　C. 导热性和包裹体　　　　　　 D. 光泽

93. 珍珠在使用过程中要避免与其他宝石和金属相摩擦，因为它的摩氏硬度较低，通常为（　　）。
　　A. 4.5～5　　　B. 2.5～4.5　　C. 4～4.5　　　D. 5.5～6

94. 就珍珠分类而言，"南珠"是按照（　　）来分类的。
　　A. 产地　　　　B. 颜色　　　　C. 成因　　　　D. 形状

95. 珍珠按体色可分为（　　）。
　　A. 白珍珠、黑珍珠、彩珠　　　　B. 白珍珠、黑珍珠
　　C. 白珍珠、彩珠　　　　　　　　D. 白珍珠、黑珍珠、黄珍珠

96. 在珍珠的品质评价中，其形状以（　　）为最佳。
　　A. 椭圆　　　　B. 扁平　　　　C. 正圆　　　　D. 方形

97. 珍珠染黑的主要化学试剂是（　　）。
　　A. 盐酸　　　　B. 硫酸　　　　C. 硝酸银　　　D. 硝酸钾

98. 世界范围内翡翠最主要的产地是（　　）。
　　A. 泰国　　　　B. 斯里兰卡　　C. 缅甸　　　　D. 南非

99. 将翡翠先经稀酸清洗，再对其注入充填材料，这种加工工艺属于（   ）。
    A. 优化   B. 充填处理   C. 染色处理   D. 染色、充填处理
100. 翡翠肉眼识别的最主要的特征是翡翠的（   ）。
    A. 结构   B. 透明度   C. 光泽   D. 颜色
101. 软玉的主要矿物成分是（   ）。
    A. 透闪石和阳起石   B. 透辉石
    C. 阳起石   D. 普通辉石
102. （   ）又称中国玉，因为在世界范围内只有中国产出的该玉石质量最好，故因此命名。
    A. 硬玉   B. 软玉   C. 蛇纹石质玉   D. 翡翠
103. 软玉就颜色而言，质量最好的是（   ）。
    A. 羊脂白色   B. 白色   C. 黄色   D. 墨绿色
104. 世界上优质绿玉髓的主要产地是（   ）。
    A. 中国   B. 澳大利亚   C. 缅甸   D. 斯里兰卡
105. 玛瑙的颜色通常呈（   ）分布。
    A. 块状   B. 条带状   C. 片状   D. 云雾状
106. 被称为"澳洲玉"的玉石品种是（   ）。
    A. 祖母绿   B. 绿玉髓   C. 绿色翡翠   D. 绿色玻璃
107. 蓝玉髓的主要产地是（   ）。
    A. 宁夏银川   B. 辽宁岫岩   C. 江苏东海   D. 我国台湾
108. 木变石是由（   ）作用形成的。
    A. 风化   B. 沉积   C. 火山   D. 交代
109. 木变石的抛光面常呈现（   ）光泽。
    A. 蜡状   B. 玻璃   C. 树脂   D. 丝绢
110. 宝石工艺上对木变石的质量要求是（   ）。
    A. 质地致密   B. 光泽强   C. 块度较大   D. 以上答案均正确
111. 黄色或黄褐色的木变石称为（   ）。

A. 黄色木变石 B. 斑马虎睛石
C. 鹰睛石 D. 虎睛石

112. 虎睛石与猫眼的肉眼识别主要特征是（　　）。
A. 颜色 B. 眼线的形态
C. 光泽 D. 光泽和眼线的形态

113. 合成立方氧化锆的密度很高，为（　　）g/cm³。
A. 3.52 B. 4.70 C. 5.80 D. 2.70

114. 玻璃中通常含有的包裹体是（　　）。
A. 液体 B. 金属碎片 C. 石英 D. 气泡

115. 国家级或省市级产品质量监督检验中心授权的认可标志是（　　）。
A. CMA B. CAL C. CNACL D. CCIBLAC

116. 玻璃中加入不同的着色剂可使玻璃呈现不同的颜色，如蓝色玻璃中加入的着色剂是（　　）。
A. 氧化铝 B. 氧化铁 C. 氧化钴 D. 氧化铜

117. 钻石镶嵌首饰鉴定分级证书中，"放大检查及净度"一栏反应的是（　　）倍放大镜下观察到的钻石的主要包裹体及净度级别。
A. 5 B. 20 C. 10 D. 40

118. 黄金的元素符号为（　　）。
A. Ag B. Au C. Pd D. Pt

119. 黄金能加工成俗称羊皮金的金箔，是因为黄金具有很高的（　　）。
A. 延展性 B. 化学稳定性 C. 熔点 D. 密度

120. 在黄金的投资交易中，非实物黄金的交易品种为（　　）。
A. 虚拟黄金 B. 纸黄金 C. 货币黄金 D. 金融黄金

121. 黄金在（　　）中会被溶解。
A. 硫酸 B. 盐酸 C. 硝酸 D. 王水

122. 含金量千分数不小于（　　）的称为千足金。
A. 999 B. 990 C. 750 D. 585

123. 含金量千分数不小于（　　）的称为足金。
　　A. 999　　　　B. 990　　　　C. 750　　　　D. 585
124. 世界上产出铂金的主要国家是（　　）。
　　A. 南非、俄罗斯和加拿大　　　　B. 澳大利亚和俄罗斯
　　C. 南非和巴西　　　　　　　　　D. 中国和巴西
125. 铂族包含了铂、钯、钌、铑等（　　）种元素。
　　A. 9　　　　　B. 8　　　　　C. 6　　　　　D. 4
126. 铂金的摩氏硬度为（　　）。
　　A. 5.5　　　　B. 2.7　　　　C. 4.3　　　　D. 2.5
127. 在铂族元素中，密度最低的是（　　）。
　　A. 铑　　　　　B. 钯　　　　　C. 铂　　　　　D. 钌
128. 印记为"Pd950"表示首饰中含钯量千分数不低于（　　）。
　　A. 950　　　　B. 990　　　　C. 500　　　　D. 999
129. 世界上银的最主要产地是（　　）。
　　A. 墨西哥　　　B. 中国　　　　C. 美国　　　　D. 意大利
130. 银的元素符号为（　　）。
　　A. Pd　　　　　B. Pt　　　　　C. Ag　　　　　D. Au
131. 印记为"S925"表示饰品中含银量千分数不低于（　　）。
　　A. 925　　　　B. 990　　　　C. 800　　　　D. 999
132. 根据我国行业标准，包金首饰金覆盖层的含金量千分数不得低于（　　）。
　　A. 585　　　　B. 375　　　　C. 750　　　　D. 990
133. 根据我国行业标准，镀金首饰金覆盖层的含金量千分数不得低于（　　）。
　　A. 585　　　　B. 375　　　　C. 750　　　　D. 990
134. 镀金层金含量为750‰的首饰的印记为（　　）。
　　A. 14KP　　　 B. 18KP　　　 C. 18KF　　　 D. 14KF
135. 戒指的手寸一般为（　　）号。
　　A. 6～21　　　B. 10～20　　　C. 8～18　　　D. 12～22

136. （　　）项坠往往带有比较浓厚的宗教色彩。
    A. 鸡心型　　　B. 方型　　　C. 十字型　　　D. 元宝型
137. 通常由纯贵金属制成、与项链相配的挂坠饰品称为（　　）。
    A. 项链　　　B. 耳坠　　　C. 项圈　　　D. 项坠
138. （　　）工艺是一种浮雕图案的制作工艺，通常用于底面凹凸的饰品。
    A. 失蜡浇铸　　B. 机链　　　C. 冲压　　　D. 批花
139. （　　）工艺是将贵金属首饰表面局部喷成砂面，使抛光面和喷砂面形成鲜明的对照，其目的是增强首饰外观的艺术美感。
    A. 批花　　　B. 花丝　　　C. 冲压　　　D. 喷砂
140. 适合女性手腕尺寸的手镯一般直径为（　　）mm。
    A. 58～66　　B. 50～56　　C. 40～52　　D. 48～52

珠宝首饰营业员（五级）理论知识试卷答案

一、判断题（第1题～第60题。将判断结果填入括号中。正确的填"√"，错误的填"×"。每题0.5分，满分30分）

1. √	2. ×	3. √	4. √	5. √	6. ×	7. √	8. ×	9. ×
10. ×	11. ×	12. √	13. ×	14. √	15. √	16. √	17. √	18. ×
19. √	20. ×	21. √	22. ×	23. ×	24. ×	25. √	26. √	27. ×
28. √	29. √	30. ×	31. √	32. √	33. √	34. ×	35. √	36. √
37. √	38. √	39. ×	40. √	41. √	42. √	43. √	44. √	45. √
46. √	47. √	48. ×	49. √	50. ×	51. √	52. √	53. √	54. √
55. √	56. √	57. √	58. √	59. √	60. √			

二、单项选择题（第1题～第140题。选择一个正确的答案，将相应的字母填入题内的括号中。每题0.5分，满分70分）

1. B	2. B	3. C	4. D	5. D	6. A	7. C	8. A	9. C
10. D	11. A	12. B	13. A	14. A	15. C	16. A	17. D	18. C
19. C	20. D	21. C	22. C	23. B	24. D	25. C	26. B	27. D
28. B	29. D	30. B	31. A	32. B	33. B	34. A	35. B	36. C
37. C	38. C	39. B	40. B	41. C	42. B	43. C	44. B	45. D
46. B	47. A	48. D	49. B	50. D	51. B	52. B	53. B	54. D
55. A	56. B	57. C	58. C	59. A	60. A	61. B	62. A	63. A
64. B	65. B	66. C	67. A	68. A	69. D	70. C	71. A	72. B
73. D	74. C	75. A	76. A	77. D	78. C	79. D	80. B	81. D
82. C	83. B	84. D	85. B	86. D	87. C	88. B	89. D	90. A
91. B	92. C	93. B	94. B	95. A	96. C	97. C	98. C	99. B
100. A	101. A	102. B	103. A	104. B	105. B	106. B	107. D	108. D
109. A	110. D	111. D	112. D	113. C	114. D	115. B	116. C	117. C

118. B   119. A   120. B   121. D   122. A   123. B   124. A   125. C   126. C
127. B   128. A   129. A   130. C   131. A   132. A   133. A   134. B   135. D
136. C   137. D   138. C   139. D   140. A

第6部分

操作技能考核模拟试卷

注 意 事 项

1. 考生根据操作技能考核通知单中所列的试题做好考核准备。
2. 请考生仔细阅读试题单中具体考核内容和要求,并按要求完成操作或进行笔答或口答,若有笔答请在答题卷上完成。
3. 操作技能考核时要遵守考场纪律,服从考场管理人员指挥,以保证考核顺利进行。

注:操作技能鉴定试题评分表及答案是考评员对考生考核过程及考核结果的评分记录表,也是评分依据。

国家职业资格鉴定

珠宝首饰营业员(五级)操作技能考核通知单

准考证号:
考核日期:

试题 1
试题代码:1.1.1。
试题名称:宝石识别——钻石的肉眼识别(1)。

考核时间：12 min。

配分：30 分。

试题 2

试题代码：2.1.1。

试题名称：贵金属首饰印记、材质和成色识别（1）。

考核时间：6 min。

配分：15 分。

试题 3

试题代码：2.3.5。

试题名称：戒指手寸和项链长短的目测估算（5）。

考核时间：6 min。

配分：15 分。

试题 4

试题代码：3.1.4。

试题名称：销售实务——铂金首饰销售开票。

考核时间：6 min。

配分：20 分。

试题 5

试题代码：3.2.3。

试题名称：销售管理——商品盘点表填写。

考核时间：6 min。

配分：20 分。

珠宝首饰营业员（五级）操作技能鉴定

试 题 单

试题代码：1.1.1。

试题名称：宝石识别——钻石的肉眼识别（1）。

考核时间：12 min。

1. 操作条件

(1) 提供 10 倍宝石放大镜。

(2) 提供 20 倍宝石放大镜。

(3) 提供宝石镊子。

(4) 提供钻石样品（0.30 ct 以上，标准圆钻琢型）。

(5) 提供合成立方氧化锆样品。

(6) 提供两种宝石的颜色、大小、琢型须相近。

2. 操作内容

(1) 选择和使用放大镜对样品进行观察。

(2) 描述识别结果，并填写识别依据。

3. 操作要求

(1) 正确选择和使用放大镜对样品进行观察。

(2) 正确选择识别结果，并填写识别依据。

珠宝首饰营业员（五级）操作技能鉴定

答 题 卷

试题代码：1.1.1。

试题名称：宝石识别——钻石的肉眼识别（1）。

考核时间：12 min。

考生姓名：　　　　　　　　　　准考证号：

试题代码		1.1.1	
放大镜的选用与操作	选用	□10 倍放大镜	
		□20 倍放大镜	
	请考生以正确姿势操作放大镜		
识别结果与识别依据	识别结果（在正确选项前的□内打"√"）	□1.1.1.1 为钻石	
		□1.1.1.2 为钻石	
	识别依据（至少写出 3 条依据）		

珠宝首饰营业员(五级)操作技能鉴定

试题评分表及答案

考生姓名:　　　　　　　　准考证号:

1. 试题评分表

试题代码及名称		1.1.1 宝石识别——钻石的肉眼识别(1)		考核时间			12 min		
评价要素	配分	等级	评分细则	评定等级					得分
				A	B	C	D	E	
1　放大镜选用与操作	10	A	放大镜选择正确,操作要点全部正确						
		B	放大镜选择正确,1个操作要点错误						
		C	放大镜选择正确,2~3个操作要点错误						
		D	放大镜选择错误,但操作要点至少有1个正确						
		E	选用和操作全部错误						
2　识别结果与识别依据	20	A	识别结果正确,识别依据中有3个正确						
		B	识别结果正确,识别依据中有1个错误						
		C	识别结果正确,识别依据中有2~3个错误						
		D	识别结果错误,但识别依据至少有1个正确						
		E	差或未答题						
合计配分	30								

考评员(签名):

等级	A(优)	B(良)	C(及格)	D(较差)	E(差或未答题)
比值	1.0	0.8	0.6	0.2	0

"评价要素"得分=配分×等级比值。

2. 评分细则及参考答案(尽量将细则内容写在上面的表格内,写不下可另写,但要具体可评判)。

(1) 放大镜的选用与操作

1) 选用:10倍放大镜。

2）放大镜操作要点

①手势。用持放大镜的手的小拇指抵住持样品的手，以保持样品稳定。

②眼睛。保持双眼睁开，手握住放大镜，将放大镜靠近眼睛，距离约 2.5 cm。

③样品距离。用镊子夹住宝石放至距放大镜约 2.5 cm 的位置，调节焦距。

（2）识别结果与识别依据

1）识别结果：1.1.1.1 为钻石。

2）主要识别依据（考生只要答对其中的 3 条即可）。

①钻石具有压线效应。

②钻石的刻面棱平直、锋锐，相邻棱均严格交于一点。

③钻石的"火彩"自然柔和。

④钻石具有金刚光泽。

⑤钻石亲油疏水性。即用油性笔可以在钻石台面划下一连续的线条。

珠宝首饰营业员（五级）操作技能鉴定

试 题 单

试题代码：2.1.1。

试题名称：贵金属首饰、印记、材质和成色识别（1）。

考核时间：6 min。

1. 操作条件

(1) 提供5倍宝石放大镜一个。

(2) 提供10倍宝石放大镜一个。

(3) 提供20倍宝石放大镜一个。

(4) 提供"14K""18K"和"千足金"项链各一条。

2. 操作内容

(1) 选择和使用放大镜对饰品进行观察。

(2) 观察贵金属首饰印记。

(3) 识别贵金属首饰材质和成色。

3. 操作要求

(1) 正确选择和使用放大镜对饰品进行观察。

(2) 正确识别贵金属首饰材质和成色，填写识别结果。

珠宝首饰营业员（五级）操作技能鉴定

答 题 卷

试题代码：2.1.1。

试题名称：贵金属首饰印记与材质和成色识别（1）。

考核时间：6 min。

考生姓名：　　　　　　　　　准考证号：

试题代码		2.1.1	
放大镜的选用与操作（在正确选项前的 □ 内打"√"）	选用	□5 倍放大镜	
		□10 倍放大镜	
		□20 倍放大镜	
	请考生以正确姿势操作放大镜		
首饰材质与成色识别（填写相应的空格）	2.1.1.1样品	主体材质	
		成色	
	2.1.1.2样品	主体材质	
		成色	
	2.1.1.3样品	主体材质	
		成色	

珠宝首饰营业员（五级）操作技能鉴定

试题评分表及答案

考生姓名：　　　　　　　　准考证号：

1. 试题评分表

试题代码及名称			2.1.1 贵金属首饰印记、材质和成色识别（1）		考核时间				6 min
评价要素		配分	等级	评分细则	评定等级				得分
					A	B	C	D	E	
1	放大镜选择与操作	5	A	放大镜选择正确，操作要点完全正确						
			B	放大镜选择正确，1个操作要点错误						
			C	放大镜选择正确，2个操作要点错误						
			D	放大镜选择正确，3个操作要点全部错误；或放大镜选择错误，但操作要点至少有1个正确						
			E	差或未答题						
2	贵金属首饰印记、材质和成色识别	10	A	材质和成色6个结果全部正确						
			B	材质和成色1～2个结果错误						
			C	材质和成色3～4个结果错误						
			D	材质和成色5～6个结果错误						
			E	未答题						
合计配分		15								

考评员（签名）：

等级	A（优）	B（良）	C（及格）	D（较差）	E（差或未答题）
比值	1.0	0.8	0.6	0.2	0

"评价要素"得分＝配分×等级比值。

2. 参考答案

（1）放大镜的选用与操作

1）选用：5倍放大镜。

2）放大镜操作要点

①手势。用持放大镜的手的小拇指抵住持样品的手，以保持样品稳定。

②眼睛。保持双眼睁开，手握住放大镜，将放大镜靠近眼睛，距离约2.5 cm。

③样品距离。用镊子夹住宝石放至距放大镜约2.5 cm的位置，调节焦距。

(2) 贵金属材质及成色识别

1) 2.1.1.1的印记为"18K"，材质主体为黄金，黄金含量为750‰。

2) 2.1.1.2的印记为"14K"，材质主体为黄金，黄金含量为585‰。

3) 2.1.1.3的印记为"千足金"，材质主体为黄金，黄金含量不小于999‰。

珠宝首饰营业员（五级）操作技能鉴定

试 题 单

试题代码：2.3.5。

试题名称：戒指手寸和项链长短的目测估算（5）。

考核时间：6 min。

1. 操作条件

（1）提供戒指一枚。

（2）提供项链一条。

2. 操作内容

（1）目测戒指手寸。

（2）目测项链长度。

3. 操作要求

（1）在不使用专业工具的条件下，正确目测戒指手寸，并填写戒指手寸号。

（2）在不使用专业工具的条件下，正确目测项链长度，并填写项链长度。

珠宝首饰营业员(五级)操作技能鉴定

答 题 卷

试题代码:2.3.5。

试题名称:戒指手寸和项链长短的目测估算(5)。

考核时间:6 min。

考生姓名: 准考证号:

试题代码	2.3.5
目测戒指手寸	号
目测项链长度	cm

珠宝首饰营业员(五级)操作技能鉴定

试题评分表及答案

考生姓名:　　　　　　　　　准考证号:

1. 试题评分表

试题代码及名称			2.3.5 戒指手寸和项链长短的目测估算(5)		考核时间			6 min		
评价要素		配分	等级	评分细则	评定等级					得分
					A	B	C	D	E	
1	目测估算戒指手寸	10	A	目测估算无误差						
			B	目测估算误差在正负1号之间						
			C	目测估算误差在正负2号之间						
			D	目测估算误差在正负3号之间						
			E	差或未答题						
2	目测估算项链长度	5	A	目测估算无误差						
			B	目测估算误差在正负1 cm之间						
			C	目测估算误差在正负2 cm之间						
			D	目测估算误差在正负3 cm之间						
			E	差或未答题						
合计配分		15								

考评员(签名):

等级	A(优)	B(良)	C(及格)	D(较差)	E(差或未答题)
比值	1.0	0.8	0.6	0.2	0

"评价要素"得分=配分×等级比值。

2. 参考答案

(1) 戒指手寸范围一般为8~26号。具体尺寸以考站提供样品为准,操作时在不使用专业工具的条件下,允许考生采用任意方法目测,但不能使用标记等指示性的记号等。

（2）目测估算项链长度。项链长度范围一般为 38～48 cm，具体尺寸以考站提供样品为准。操作时在不使用专业工具的条件下，允许考生采用任意方法目测，但不能使用标记等指示性的记号等。

珠宝首饰营业员（五级）操作技能鉴定

试 题 单

试题代码：3.1.4。

试题名称：销售实务——铂金首饰销售开票。

考核时间：6 min。

1. 背景资料

顾客购买Pt900铂金戒指一枚，重量为4.32 g，铂金当日牌价308.00元/g，工费800元，请开具公司内部销售小票。

2. 试题要求

（1）正确计算金额。

（2）正确填写开票金额。

（3）正确填写开票其他信息。

珠宝首饰营业员（五级）操作技能鉴定

答 题 卷

试题代码：3.1.4。

试题名称：销售实务——铂金首饰销售开票。

考核时间：6 min。

考生姓名：　　　　　　　　准考证号：

1. 写出金额计算过程

2. 填写首饰销售内部小票

××商场首饰销售内部小票							NO：06670819						
_____顾客 　　　　　　　　　　　　　　　　日期：_____													
货号	品名	成色	件数	重量	单价	工费	金额（元）						
							万	千	百	十	元	角	分
合计人民币（大写）													
柜组：_____　　制票：_____　　收款：_____													

珠宝首饰营业员（五级）操作技能鉴定

试题评分表及答案

考生姓名：　　　　　　　准考证号：

1. 试题评分表

试题代码及名称			3.1.4 销售实务——铂金首饰销售开票（1）		考核时间			6 min	
评价要素		配分	等级	评分细则	评定等级				得分
					A	B	C	D	E	
1	正确计算金额	10	A	计算公式正确，计算结果正确						
			B	计算公式正确，计算结果误差小于等于1%						
			C	计算公式正确，计算结果误差小于等于2%						
			D	计算公式错误，计算结果错误						
			E	未答题						
2	正确填写开票金额及其他信息	10	A	14项内容填写全部正确						
			B	1项内容填写错误						
			C	2项内容填写错误						
			D	3项及3项以上内容填写错误						
			E	未答题						
合计配分		20								

考评员（签名）：

等级	A（优）	B（良）	C（及格）	D（较差）	E（未答题）
比值	1.0	0.8	0.6	0.2	0

"评价要素"得分＝配分×等级比值。

2. 参考答案

（1）正确计算金额

$308 \times 4.32 + 800 = 2130.56$（元）

（2）正确填写开票金额及其他信息

1) 开票金额内容：顾客购买首饰的总金额。
2) 顾客：购买饰品的顾客姓名。
3) 货号名称：此条款中的货号用商店条形码表示，一般不统一。
4) 其他信息：柜组、销售日期、制票人员、收款人员。

以上发票中的相应栏目由考生自行填写。

（3）销售小票参考答案

货号	品名	成色	件数	重量	单价	工费	金额（元）						
							万	千	百	十	元	角	分
111102	铂金戒指	Pt900	1	4.32 g	308	800	¥	2	1	3	0	5	6
合计人民币（大写）				贰仟壹佰叁拾元伍角陆分或贰仟壹佰叁拾元伍角整									

××商场首饰销售内部小票　　NO：06670819

小王　顾客　　　　　　　　　　日期：2010.1.10

柜组：001　制票：002　收款：003

珠宝首饰营业员（五级）操作技能鉴定

试 题 单

试题代码：3.2.3。

试题名称：销售管理——商品盘点表填写。

考核时间：6 min。

1. 背景资料

已知某珠宝公司对 Pt950 钻戒商品盘点，数据为：上期总存数量 850 枚，本期收入数量 380 枚，柜组存量 1 145 枚，样品数量 10 枚，请填写商品盘点表。

2. 试题要求

（1）正确计算。

（2）正确填写盘点、销售数据。

（3）正确填写其他信息。

珠宝首饰营业员（五级）操作技能鉴定

答 题 卷

试题代码：3.2.3。

试题名称：销售管理——商品盘点表填写。

考核时间：6 min

考生姓名：　　　　　　　　　准考证号：

1. 计算过程

总存量：

本期销售数量：

2. 标签填写

商品盘点表

日期：_____

货号	货名	单位	上期总存数量	本期收入数量	盘点数量			本期销售数量
					柜组存量	样品数量	总存量	

柜台：_____　　　　盘点人：_____　　　　复核人：_____

珠宝首饰营业员(五级)操作技能鉴定

试题评分表及答案

考生姓名:　　　　　　　　准考证号:

1. 试题评分表

试题代码及名称			3.2.3 销售管理——商品盘点表填写		考核时间			6 min	
评价要素	配分	等级	评分细则		评定等级				得分
					A	B	C	D	E	
1 正确计算	10	A	计算公式正确,计算结果正确						
		B	计算公式正确,计算结果误差小于等于1‰						
		C	计算公式正确,计算结果误差小于等于2‰						
		D	计算公式错误,计算结果错误						
		E	未答题						
2 正确填写盘点、销售数据及其他信息	10	A	所有内容填写全部正确						
		B	1项内容填写错误						
		C	2项内容填写错误						
		D	3项及3项以上内容填写错误						
		E	未答题						
合计配分	20								

考评员(签名):

等级	A(优)	B(良)	C(及格)	D(较差)	E(未答题)
比值	1.0	0.8	0.6	0.2	0

"评价要素"得分=配分×等级比值。

2. 参考答案

(1) 正确计算

总存量=柜组存量+样品数量=1 145+10=1 155(枚)

本期销售数量=上期总存数量+本期收入数量−总存量=850+380−1 155=75(枚)

(2) 正确填写盘点数据及其他信息（柜台、盘点人、复核人、日期由考生填写）

商品盘点表

日期：2012.9.18

货号	货名	单位	上期总存数量	本期收入数量	盘点数量			本期销售数量
					柜组存量	样品数量	总存量	
2020225	Pt950 钻戒	枚	850	380	1 145	10	1 155	75

柜台：<u>黄金珠宝专柜</u>　　　盘点人：_____　　　复核人：_____